eビジネス新書
No.434

週刊東洋経済

変わる相続・贈与の節税

週刊東洋経済eビジネス新書　No.434

変わる相続・贈与の節税

本書は、東洋経済新報社刊『週刊東洋経済』2022年8月13日・20日合併号より抜粋、加筆修正のうえ制作しています。情報は底本編集当時のものです。（標準読了時間　150分）

変わる相続・贈与の節税　目次

衝撃の司法判断で行き詰まる対策

相続で「節税」が禁句になる

『節税』も『相続税対策』も打ち出しづらくなった。

ある税理士法人のトップはそう嘆く。今までグレーゾーンだった相続の節税に対し、近年、暗雲が垂れ込め、顧客の資産家から戸惑いの声が上がっているからだ。公式サイトであれほど宣伝していた「節税」などの文字は、いつの間にか目立たなくなった。

その最大の理由となった逆風は2つ。「マンション節税の否認」と「生前贈与の見直し」である。

やりすぎた節税にNO

1つ目の逆風は、ある裁判におけるマンション節税の否認だ。

衝撃の判決が出たのは2022年4月19日。最高裁判所が下したマンション節税をめぐる2件の事例である。相続人がはじいた相続財産の評価額を「低すぎる」として、国税当局が再評価。ともに億円単位の追徴課税を求められた。

これに納得できない相続人は提訴したが、最高裁は国税当局の処分を「適法」と認め、いずれも相続人サイドが敗れたのである。

不動産を活用した節税策はよくあるやり方。土地を評価する際、時価より低い路線価を使うため、不動産を購入して持つほうが現預金を持つより、相続財産を低く抑えられる。それを借金で賄えば、相続時、現預金や土地などプラスの財産から債務を差し引く〝債務控除〟も利用できる。賃貸用物件ならさらに節税効果は大きい。

だが今回ばかりは、その程度が極端すぎたようだ。2件とも被相続人は80代から90代とかなり高齢の親で、億円単位の借金をしてマンションを買っていた。うち

1件は相続税をゼロと評価し、相続（死亡）後に2棟のうち1棟が売却、現金化されている。

何より決定的だったのは、マンション購入の目的が実需や運用ではなく、〝相続税対策〟との証拠を残したこと。融資した銀行の稟議（りんぎ）書などから明らかになった。

今回、国税当局があえて行使したのが例外規定である。本来、路線価による評価は、ベースとなる財産評価基本通達に基づく（通達評価）。が、同通達の総則6項では、「著しく不適当と認められる財産の価額は国税庁長官の指示を受けて評価する」と例外扱いし、国税庁の個別の鑑定による再評価につながった（鑑定評価）。

実務上では相続財産のうち、土地や家屋などの不動産は全体の4割を占め最も多い（土地：34・7％、家屋：5・3％、現金・預貯金等：33・9％、有価証券：14・8％、その他：11・3％）。遺産分割で親族ともめるのも、相続税の支払いで頭を悩ませるのも、たいてい不動産絡みである。

とくに地価上昇時には不動産節税が利用されやすい。購入価格と時価の乖離が大きくなるので、税負担を大きく軽減できるからだ。

2012年からのアベノミクス効果による株価や地価の上昇時には、タワーマンションによる節税（タワマン節税）が増えたとされる。土地より建物の比率の大きいタワマンは、建物部分の評価に固定資産税評価額を使うため、購入価格より大幅に低くなりやすい。タワマンは高層ほど高値がつくことからあえて高層階を買って節税に励むパターンもみられた。

もっとも相続税の申告において、路線価による評価も債務控除の利用も、一般的な手法だ。仮に、国税当局が今後も例外規定を頻繁に持ち出すようなら、不動産を活用した節税はやりにくくなる。

そして2つ目の逆風は、今後予想される生前贈与の見直しだ。

きっかけは2018年末に発表された19年度税制改正大綱で、「資産移転の時期の選択に中立な制度」を構築する方向で「検討する」と書かれたこと。20年度に「検討」と続いた後、21年度と22年度で「本格的な検討」に変わる。「生前贈与がなくなるのでは」と税理士かいわいがざわついた。

同大綱で明記されたのが、「相続税と贈与税の一体化」に向け、「現行の暦年課税と相続時精算課税を見直す」との一文である。

相続も贈与も同じ？

暦年課税（暦年贈与）は、年間110万円までの贈与が非課税になる、生前贈与の王道だ。一方の相続時精算課税は、累計2500万円まで非課税だが、過去に贈与した財産が相続時にはすべて相続財産に加算され、課税対象になるというもの。ゆえに節税で選ばれるのは暦年課税である。

実際には110万円までの非課税枠だけでなく、相続税と贈与税の税率差を利用して、税負担を軽減するスキームも見逃せない。

例えば、財産6億円超をそのまま相続する場合、相続税の限界税率は55%。が、これを相続前に4500万円分ずつ贈与すると、贈与税の税率50%で済む。同様に財産4000万円を相続する場合、相続税率は20%だが、400万円ごとに分けて贈与すれば、贈与税率は15%でいい。

◆ **財産を分けて贈与すれば、相続税の累進負担を回避できる**
—相続税と贈与税の税率構造—

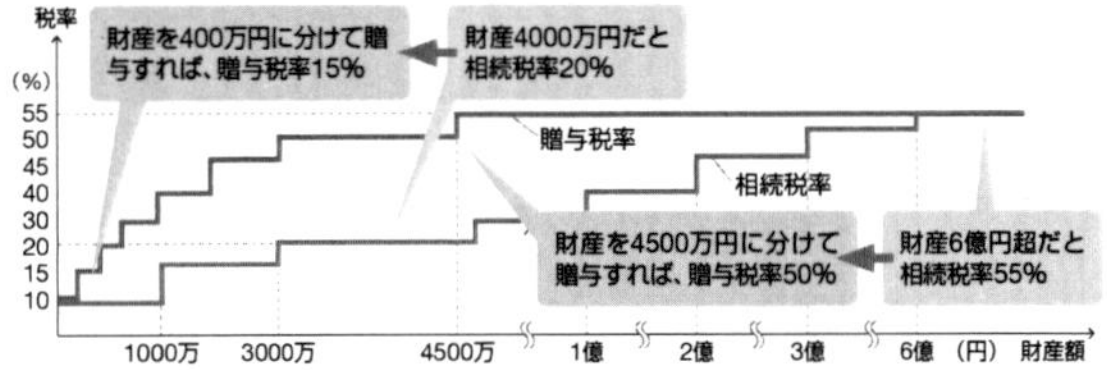

(出所)税制調査会の資料を基に東洋経済作成

つまり財産を分割して贈与することで、相続税の累進負担を回避でき、多額の財産を移転できるというわけだ。早く長く贈与するほど節税できる構造になっている。

しかし、こうした手法は格差の固定化につながると、政府はかねて問題視してきた。「本格的な検討」は2年続いており、最短なら、2022年末発表の23年度税制改正大綱で踏み込んでもおかしくない。

資産移転の時期に中立にするには、贈与税のうち、暦年課税を廃止し、相続時精算課税に一本化することだ。ただ暦年課税の課税人数は36万人と多い（20年度）。「非課税枠の110万円をなくすのは政治的にいって非常に難しい。額を縮小するのも、そこまでやるのはどうか」と宮沢洋一・自民党税制調査会会長は胸の内を明かす。

現実的にありうるのは、暦年課税でも採用されている、相続加算の期間を延長することだろう。

現状の暦年課税も、相続前の3年間に贈与した財産は、相続時には相続財産に加算されている。これを5年間や10年間に延ばせば、実態は相続時精算課税に近づいてくる。「期間を延ばすのは議論の対象になる」（宮沢会長）。

仮に10年間に延長ともなれば、親の死亡からさかのぼって10年間に行った贈与は、すべて相続扱いになってしまう。暦年課税の節税効果は大きく減殺されよう。

岸田文雄首相は「新しい資本主義」を掲げている。成長より分配、財政規律の維持など、岸田カラーをこれから打ち出すだろう。マンション節税や生前贈与をはじめ、富裕層から狙い撃つ公算は高い。

ちなみに、米国では遺産税の非課税枠が1158万ドル（約15億円）もあり、課税割合はたった0・2％（日本は8％台）。関わるのは超金持ちのみ。富裕層から準富裕層、果ては中流層まで、相続税を心配する日本と対照的だ。

次章からは現実に起きたマンション節税での失敗例や、相続税・贈与税「一本化」のシナリオ、今から間に合う駆け込み贈与、さらに24年から義務化される相続登記について盛り込んだ。節税受難時代に備えたあらゆる相続対策を網羅した。

（大野和幸）

【実録】不動産節税の「失敗」

決め手は銀行の内部文書だった。

2022年4月19日、最高裁判所。相続税対策をめぐる訴訟で、時価を基に追徴課税を行った国税当局の勝訴が確定した。相続した不動産は通常、路線価などを基に評価額が算定される。路線価は時価より低いことが多いため、現金を不動産に換えて相続税を申告すれば税額を圧縮しやすい。

典型的な相続税対策に待ったをかけたのが、今回の最高裁で争われた事案だ。時価と評価額の著しい乖離を理由に、国税当局が不動産価格を独自に評価し、相続税額をはじくことが容認された。

実は同19日には相続税対策をめぐって、最高裁は2件の判断を下しており、いずれも原告である相続人が敗訴した。共通しているのは、融資を行った銀行の内部文書を国税当局が証拠として提出し、不動産購入が明らかな相続税対策だと裁判所が認めた点だ。

相続税ゼロの不可思議

「相続対策のため不動産購入を計画」——。国税当局が提出した証拠に差し挟まれた数枚の資料。作成者は三菱ＵＦＪ信託銀行で、不動産融資に際し行内で回覧された稟議書だ。裁判所は稟議書を理由に、不動産購入が「相続税の負担を減じまたは免れさせるものであることを知り、かつ、それを期待して、あえてそれらを企画して実行した」ものと認めた。

１件目の訴訟は２００９年にさかのぼる。当時９０歳の被相続人は１月に東京都杉並区のマンション、同年１２月に神奈川県川崎市のマンションを購入した。被相続人は１２年に９４歳で死亡し、遺産を相続した妻や息子は翌１３年、路線価を基に２棟の評価額を3億3370万円と算定（路線価に基づく通達評価）。借入金などを差し引いた相続税をゼロと申告したのである。

だが、国税当局は時価と税額との著しい乖離を問題視し、独自の鑑定評価で、2棟の価格を12億7300万円と算出。16年に3・3億円の追徴課税をした。相続人は取り消しを求め16年に国税不服審判所に審査請求を行うが棄却され、その後東京地方裁判所に訴訟を提起した。訴訟は地裁、高裁、最高裁いずれも原告が敗訴した。

裁判所が注目したのは、多額の資産を相続したにもかかわらず、相続税がゼロになった点だ。被相続人には、2棟のマンション以外にも不動産や現預金、有価証券を含め6億9787万円の財産があり、相続財産額は合計約10億3000万円に上っていた。が、不動産購入にかかる借入金など各種控除と相殺した結果、支払う相続税がゼロ円になったのだ。

◆ **マンション購入と借入金で課税ゼロ**
—杉並・川崎の物件の被相続人による相続税圧縮—

相続時の財産全体の価額

	購入前	購入後
相続財産額	6億9787万円	約10億3000万円
債務控除等	3394万円	9億9706万円
基礎控除	1億円	1億円
相続税額	**2億0896万円**	**ゼロ**

(注)マンション購入前の相続財産額は現金、有価証券等。控除額は当時。債務控除等は借入金のほか葬儀費等。基礎控除は法定相続人5人合計
(出所)判決文や取材を基に東洋経済作成

相続を専門に扱う税理士法人レガシィの大山広見税理士は「課税価額に影響を大きく及ぼす節税対策は否認されるリスクが高くなった。遺産分割や事業承継などの節税以外の目的も併せて考える必要がある」と指摘する。

そしてもう1つの注目として、訴訟の帰趨（きすう）に影響を与えたとみられるのが、前出の稟議書だ。三菱ＵＦＪ信託は1棟目にあたる杉並区のマンションへの融資で、「相続対策のため不動産購入を計画。購入資金につき、借り入れの依頼があったもの」と記載していた。

同行は2棟目の川崎市のマンションにも融資をしたが、その稟議書でも、「前回と同じく相続税対策を目的として第2期の収益物件購入を計画。購入資金につき、借り入れの依頼があったもの」と明記。2棟の稟議書は「相続税対策のために不動産を購入した」と主張する国税当局の有力な証拠となった。訴訟について同行の広報はコメントを控えている。

赤裸々なメモが命取りに

同じ4月19日には相続税対策をめぐる別の訴訟でも、最高裁は相続人である原告の上告を受理せず、国税当局の勝訴が確定した。2件目の訴訟では銀行の内部文書がより強力な物的証拠となった。

2013年に被相続人は神奈川県横浜市の大型マンションを15億円で購入。購入資金は全額、千葉銀行から借り入れた。翌月に被相続人は89歳で死亡。妻や息子が相続すると、マンションを4億7761万円と評価し、翌14年に相続税を約2200万円と申告したのである。

だが、時価との乖離が目に留まった国税当局は独自に鑑定評価を実施し、マンションの価値を10億4000万円と評価。18年に1億円の追徴課税をした。相続人は追徴課税の取り消しを求める訴訟を起こしたが、地裁、高裁、最高裁すべてで敗訴となった。

一審で国税当局が提出したのは融資した千葉銀の担当者が作成した「コンタクト履歴」。いつ誰とどんな話をしたか記した備忘録だ。稟議書のような正式な資料でなく顧客対応の振り返りや営業戦略の立案に用いられる。

10億円もの乖離に目をつけられた

—横浜の物件における相続税対策裁判の構図—

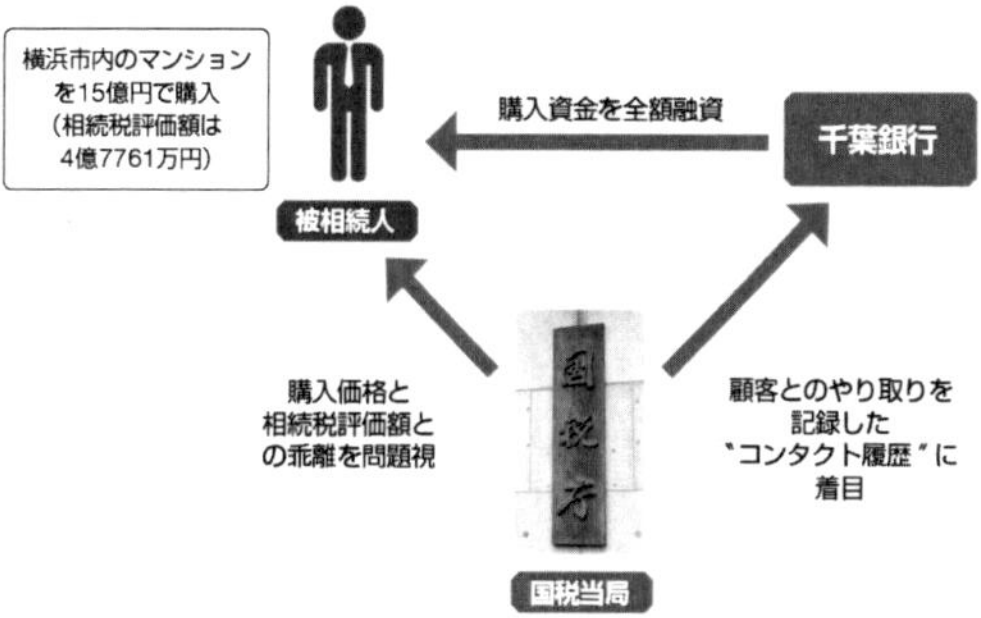
横浜市内のマンションを15億円で購入（相続税評価額は4億7761万円）
被相続人
購入資金を全額融資
千葉銀行
購入価格と相続税評価額との乖離を問題視
顧客とのやり取りを記録した"コンタクト履歴"に着目
国税当局

行員が残した"メモ"が動かぬ証拠に

—コンタクト履歴に残されていた当事者の発言—

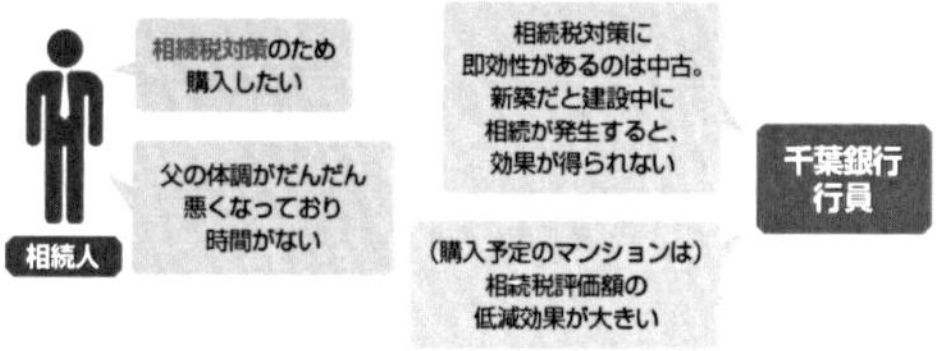
相続税対策のため購入したい
父の体調がだんだん悪くなっており時間がない
相続人
相続税対策に即効性があるのは中古。新築だと建設中に相続が発生すると、効果が得られない
（購入予定のマンションは）相続税評価額の低減効果が大きい
千葉銀行行員

（出所）いずれも裁判資料等を基に東洋経済作成

同履歴には相続人や売り主の不動産会社とのやり取りが赤裸々に記されていた。「平成25年6月6日、○○（注：相続人の氏名）の勤務先を訪問。相続税概算計算書を利用し、相続対策の必要性について説明」。「即効性があるのは中古。新築だと建設中に相続が発生すると効果が得られない場合がある」。相続税対策として、マンション購入を勧める描写だ。

さらに国税当局は、融資を実行する支店と本店審査部とのやり取りも、証拠として提出していた。「投資対象としての合理性が見いだせません」。資料によれば、マンションの購入価格15億円に対し、千葉銀内での評価額は10億9000万円。内部査定額との乖離や収支が赤字に陥る点を問題視した審査部は、支店に被相続人がマンションを購入する意図を尋ねた。

すると支店は「収益性の高さよりも相続税軽減効果がある物件に着目して探したが、相続税軽減効果が出る物件がなかなかなかった」と回答。このマンションは家具付きで食事も提供されるから、一般の賃貸マンションより付加価値が高いことも付言した。

このコンタクト履歴について、原告である相続人は「発言内容は記憶にないし、千葉銀担当者が大げさに表現した部分もある。信憑性は低い」と反駁（はんばく）した。

しかし、裁判所は同履歴の表現の程度にかかわらず、被相続人家族が相続税の負担を減らす目的でマンションの購入に踏み切った事実に変わりはない、と判じた。訴訟の経緯に関し同行の広報は「コメントできない」としている。

三菱ＵＦＪ信託の稟議書、千葉銀のコンタクト履歴といった内部文書を国税当局が手にした背景にあるのが、国税通則法だ。国税当局は相続税の調査で、関係者に質問をしたり、資料の提出を求めたりできる。要求の拒否、虚偽の回答を行った際の罰則規定もあるため、銀行はむげにできない。

「不平等」に厳しい姿勢

いずれの訴訟も問題となったのは相続税の圧縮を目的とする不動産購入である。

1件目の訴訟では相続人は相続9カ月後にマンションを売却。2件目では被相続人の肺がんが発覚した直後にマンションを購入した。これらが裁判官の心証を少なからず悪化させた。

相続の現場には動揺が広がる。相続税務を取り扱う税理士法人チェスターの河合厚・東京本店代表は、「高齢者名義で多額の借り入れを行う不動産購入は国税当局の目を引きやすくなった」と語る。同法人では「近い将来相続が見込まれる場合、自己資金での購入を勧めている」（河合氏）。

ある銀行関係者は「相続税対策をうたわないと、物件の評価額が伸びず融資が下りにくくなる」と打ち明ける。相続税の圧縮効果は営業トークとして広く利用されている。内部文書を国税当局につかまれる事態が増えれば、営業姿勢の転換を余儀なくされそうだ。

2件目の訴訟で、地裁は路線価による評価は客観的だが、「形式的な平等を貫くことによってかえって租税負担の実質的な公平を著しく害することが明らか」な場合、時価を容認すると判定した。富裕層が享受してきた節税手法への包囲網は狭まっている。

（一井　純）

「〝節税対策〟では円滑な相続ができない」

青山財産ネットワークス　社長・蓮見正純

「不動産投資による過度な相続節税」を否認した4月19日の最高裁判所の判決が不動産業界に波紋を呼んでいる。業界シェア6割の不動産小口化商品を組成販売、総合財産コンサルティングも手がける、青山財産ネットワークスの蓮見正純社長を直撃した。

――4月の最高裁判決をどのように受け止めましたか。

2つの示唆がある。1つ目は、租税負担の軽減を意図した不動産の購入・借り入れを行った納税者には、通達評価を上回る価額（鑑定評価）による課税処分を認めるということ。租税の平等性を考えたときにそれが妥当だという判決が下ったと考えられる。

2つ目は判決文にもあるとおり、一般的な納税者については、通達評価額による評価をこれからも国税当局が認めるということだ。

親から子に不動産を贈与・相続するとき、もしも通達評価のルールがなければ、いくら贈与・相続税を払えばいいかわからず、納税者は尻込みしてしまう。すべて時価評価で納税するとなったら、徴収側もたいへん労力がかかる。

通達評価があるメリットはすごく大きい。今までどおり通達評価額に基づく評価で、国税当局は相続・贈与を認めるし、それで納税してくださいと示している。

――明らかな「節税」と「不動産運用」との線引きはどこですか。

総合的な判断であり、定量的な線引きは難しい。ただこの判例は例外的なケース。不動産の購入・借り入れで、相続税評価額が著しく小さくなり、納税額がゼロになっている。「租税負担の軽減」を目的に提案した金融機関の内部書類も証拠で採用されている。いくら何でもやりすぎだろう。

一方で、運用益を残すことを目的にするのが、不動産運用なのではないか。近年は利回りも小さくなり、借り入れが大きすぎれば持ち出しになる。とくに高齢者が大きなレバレッジをかけ不動産を運用するのは、価格や賃料が急落したときに大切な財産をなくすリスクが大きい。合理的な理由がなく、「相続税を圧縮する」ことを念頭に置いて多額の借り入れを行うと、税トラブルになりかねない。

直接的な影響はない

――今回の判決によって不動産運用にブレーキがかかる懸念は。

ほとんどの人は贈与や相続をした後、税務署員がやってきて追徴課税するなど、税のトラブルには巻き込まれたくない。だから今回の判例によって、「収益不動産を買うと相続のときにトラブルになるから買わないほうがいい」といった誤った情報が、これから不動産を運用しようという人に伝わることをすごく危惧している。

今回の判決文は本当によく書かれている。極端な例は排除するが、一般の人には通達評価に基づく評価を継続する、というメッセージがある。これを機に節度ある不動産運用が業界に広がってほしい。

——青山財産は不動産小口化商品の最大手。影響はありませんか。

組成した商品は完売できているため直接的な影響はない。ただ、この判決が出たときは、多くの顧客から問い合わせの電話が来た。われわれの商品は1円のレバレッジもかけていない。長期の資産運用を目的とし、金融のリスクから切り離している。

「相続対策」イコール「相続税対策」ではない。顧客から明らかな節税のニーズがあっても、われわれは「それは不自然ですよ」と話をする。納税資金をいかに計画的に準備するかも含め、円滑に財産を承継することが大切だ。

（聞き手・秦　卓弥、大野和幸）

蓮見正純（はすみ・まさずみ）

1956年岐阜県生まれ。80年慶応大学商学部卒業、83年青山監査法人入所。96年プロジェスト設立。2008年船井財産コンサルタンツとプロジェストが経営統合、社長就任。12年現社名に商号変更。

目的や金額、年齢～これ以上は危ない

マンション節税の「線引き」

税理士法人山田&パートナーズ　パートナー
税理士・清三津裕三

多くの人に注目されていた、ある不動産評価の訴訟で最高裁判所が判決を下した。争われたのは被相続人が亡くなる数年前に賃貸マンションを購入した相続税申告の案件だ。一般的な手法である路線価などに基づく評価が、国税当局の伝家の宝刀といわれる例外規定で覆され、相続人は3億3000万円の追徴課税を受けた。相続人が処分の取り消しを求めた訴訟で、最高裁は4月19日、国税当局の処分が適法との判決を下したのである。

対象は東京都杉並区と神奈川県川崎市の賃貸マンション。相続財産であるマンションの評価額について、路線価などに基づく財産評価基本通達の評価（「通達評価」）が覆され、国税当局による不動産鑑定評価額（「鑑定評価」）に基づく処分が認められた。

今回の経緯を整理しておく。

①2009年に90代の被相続人（親）は、賃貸マンション2棟を、合計13億8700万円で購入。購入資金の大部分は、大手信託銀行からの借入金であり、10億0800万円を調達した。

②3年後の12年に被相続人が94歳で亡くなった後、相続人（子）が申告した不動産評価は、2棟で3億3370万円、その他の財産は6億円超である。

③借入金残高は10億0800万円で、相続した資産を債務と相殺。相続税をゼロと申告したのだ。

◆ 3億円の評価を国税当局は12億円と覆す
―杉並・川崎の物件における評価額の相違―

購入時のマンション2棟の価額

	杉並区のマンション	川崎市のマンション	合計
購入時期	死亡の3年5カ月前	死亡の2年半前	
購入金額	8億3700万円	5億5000万円	13億8700万円
うち銀行借入金	(6億3000万円)	(3億7800万円)	(10億0800万円)
相続税申告の評価額=通達評価(A)	2億0004万円	1億3366万円	3億3370万円
国税当局の評価額=鑑定評価(B)	7億5400万円	5億1900万円	12億7300万円
乖離率(A/B)	26.5%	25.8%	26.2%
その他	―	相続9カ月後に5億1500万円で売却	

(出所)筆者作成

なぜ相続の数年前に13億8700万円で購入した不動産に対し、相続後、申告上の評価額が3億3370万円と、購入金額の4分の1程度まで下がったのか。

相続税法上、財産の価額は時価で評価すると規定されているが、実際に時価を把握するのは困難だ。ゆえに国税庁は財産評価の一般的な基準を財産評価基本通達で定めている。この通達評価では、土地は路線価を、建物は固定資産税評価額をベースに、それぞれ評価することが定められている。

土地の通達評価の基となる路線価は、時価の80%をメドに設定され、賃貸建物の敷地は借家人の権利分としてさらに20%程度控除される。つまり賃貸建物の敷地は、おおむね時価の65%程度と考えればよい。また建物の通達評価の基となる固定資産税評価額は、一般的には建築価格の50~70%程度の水準。賃貸建物はさらに30%減とされるので、建築価格の30~50%程度の金額となる。

ちなみにタワーマンションでは、1戸当たりの土地面積が小さく、建物の割合が大きいため、通達評価が購入金額の20~30%程度となる物件が多い。近年のタワマン投資による相続税の節税は、この購入金額と通達評価との乖離を利用したものだ。

今回の相続人による通達評価は、相続発生時の時価に近い鑑定評価の26・2％の水準だったが、特別に乖離率が大きい物件ではない。

だが、国税当局は、国税庁の定めた路線価などに基づく通達評価を覆した。4倍の水準である鑑定評価であるべきとして、相続税を再計算し、追徴課税をしたのだ。財産評価基本通達には例外規定が設けられており、「通達評価が著しく不適当」と認められるとき、例外的な評価をできる扱いとなっているためである。

相続目的に税負担激減

それならば、どのような場合に通達評価が著しく不適当とされるか、判決では税負担の公平性による説明がなされた。税法には平等原則があり、同様の状況にあるものは同様に取り扱われるべき、というものである。

確かに、特定の納税者だけに通達評価と異なる評価を適用することは、平等原則に反する。が、「相続税の軽減を意図した行為」によって「税負担が著しく軽減」される場合はどうか。そこでは、形式的に通達評価をするほうが納税者間の税負担の公平性に反するため、通達評価が著しく不適当と判断されて、例外規定の適用が認められるという考え方なのだ。

判決では以下の理由から、通達評価が著しく不適当と判断され、例外規定の適用が認められた。

①証拠として提出された銀行借り入れの貸出稟議書に「相続対策のため不動産購入を計画」と記載されており、90代の父による賃貸マンションの取得が近い将来発生する「相続税の軽減を意図して行ったもの」である。

②本来、相続財産が6億円超で相続税は3億円弱であったはずのものが、このマンション2棟を購入したことによって相続税はゼロとなり、その結果、「税負担は著しく軽減」されている。

なお今回の判決では、通達評価と鑑定評価に大きな乖離があるが、それだけで例外規定は認められない、とも指摘された。税負担の著しい軽減に加え、相続税対策という意図も併せて、両方が必要とされている。
例外規定が適用される条件については、抽象的であり、明確な基準は示されていない。そこで今後の不動産投資で疑問になる点について、私見ではあるが、問答形式で説明しておきたい。

【Q1】判決で決め手になった「相続税対策が目的」とはどんなときに当てはまるか。

（A）ダメなのは「相続税の軽減を主たる目的で行っている」こと。裏返せば、不動産の取得が、自宅としての利用や不動産賃貸を含む事業での利用など、経済合理性があって、副次的に相続税の軽減につながるケースは、原則該当しないと考えられる。

【Q2】不動産の購入金額の大小は影響してくるか。

（A）不動産の購入金額は直接関係ない。ただし、購入金額と通達評価の乖離は、一般的に購入金額に比例して大きくなる。被相続人の資産に比べ、不相当に大きな金額の投資は「相続税対策が目的」と見なされやすくなるおそれがあり、注意が必要だ。

【Q3】不動産投資をする被相続人の年齢は関係するか。

（A）例えば、高齢者が賃貸で収益を得る目的で不動産投資をした後、不幸にも短期間で亡くなったとしよう。結果的にその人は賃貸収益を十分に得られないまま亡くなったことになる。そのため「相続税対策」を目的としていたのではないかと税務署に見なされやすくなる可能性がある。

【Q4】銀行借り入れでの不動産投資で気をつける点はあるか。

（A）不動産の購入資金は、自己資金であっても銀行借り入れであっても、不動産の通達評価に与える影響は同じである。

ただし、全額など借入金の割合が大きければ、当初は不動産の「通達評価－借入額」がマイナスとなり、相続税計算上、その人の固有の財産額から控除される。ケース次第では、「税負担の著しい軽減」と見なされやすかったり、高齢者の借入期間が平均余命より明らかに長かったりする場合、購入目的に経済合理性は認めづらい。

最後に、財産を所有している高齢者が事業の拡大や将来の遺産分割を視野に、不動産の売買で資産の組み替えを行うことはある。その際、相続税を考慮に入れ検討を行うのは、一般的なことだ。

今回の最高裁の判決は、過度な不動産節税に対して、警鐘を鳴らしたものといえよう。今後、とくに高齢者が相続税の軽減を考慮に入れて不動産投資を行う場合、より慎重な判断が必要である。

清三津裕三（しみず・ゆうぞう）
従業員800人超を誇る総合型の税理士法人山田&パートナーズのパートナー。相続・事業承継等を中心とした申告やコンサルティングを担当。顧客や金融機関向けの講演も多数。

ロレックスバブルは終わる

時計&モノジャーナリスト・渋谷ヤスヒト

「親から子へ。子から孫へ」。長年、この広告キャンペーンを一貫して続けてきたのがスイスの高級時計ブランド「パテック・フィリップ」だ。世界には時代を超えた価値があると多くの人が認め、すばらしい時計を作るブランドがいくつもある。高級時計も相続や贈与で財産として計上されることが少なくない。

1839年の創業から現在まで、時計愛好家を魅了する革新的な機能やメカニズムを備えた機械式時計を続々と開発、生産し続けてきた同社。その製品はシンプルでスタンダードな定番モデルでも、メカニズムを構成する極小の部品の表面やエッジ、歯車の一歯一歯まで、見えないものもすべて美しく磨き上げられている。

顧客が望めば、ある年代以降のモデルなら、過去のモデルでも修理を引き受けることを保証している。高価だが中古市場での人気も評価も高く、数十年前のモデルでも高い値段で売買される。

〝時代を超えた価値のある時計作り〟を掲げる同社は、製品が販売後も適切に扱われ、大事にされることを望んでいる。とくに高価で貴重なモデルの販売では、購入希望者の過去の購入履歴などをチェック。信頼できる相手だけにしか販売しないという方針だ。

「長い時間をかけて年に1点だけ熟練の職人が製作する、レア・ハンドクラフトのような最高峰の職人技から生まれた希少な製品は、その価値を理解している人だけに売りたい」。ティアリー・スターンCEOはそう語った。時計は名画と同じ文化資産で購入者はそれを一時的に預かっているだけだ。超一流の時計コレクターの多くはこうした認識を持っている。

機械式時計は人が日常的に使う物の中で最高峰の精密機械だ。一流の機械式時計を作るためには優れた技術とノウハウが不可欠。適切なメンテナンスと修理、適切な取り扱いを行えば、100年でも200年でも楽しめる。一流の機械式時計は間違いなく「親から子へ、子から孫へと受け継ぐ価値のある」資産なのである。

作り続けられる定番モデルがある一方、年に数本しか製造できない、最高峰の職人技から生まれた感動的なメカニズムや装飾を備えた、複雑時計や宝飾時計もある。もはや工業製品を超えた、機械のアート作品と呼ぶべき存在で、その価値はさらに高い。

富裕層の間で大人気の「リシャール・ミル」も、10本程度しか限定製作されないモデルや過去の希少な製品は近年では名画と同じ美術品と位置づけられる。過去に販売したモデルを自社で買い取って再整備し販売することも行う。中古市場を自ら作ることで、価格を適正にコントロールし資産価値を安定させ、顧客に安心して購入してもらいたい狙いもある。

2015年以降、歴史的な傑作時計や著名人の愛用した時計を中心に扱うサザビーズ、フィリップスの時計オークションが世界中から多くの参加者を集め、盛り上がりを見せているのも、こうした機械式時計の世紀を超えた資産価値が注目されているからだ。

ただし、スポーツモデルを筆頭に一部の時計ブランドでは、その人気モデルの状況は今、とても不健全な状況にある。

定価以上で法外な転売も

典型的なのはラグジュアリーブランドのロレックスだ。

正規品販売店で購入したばかりのロレックスの新品スポーツモデルについて、中古時計を売買する業者に持ち込むと業者が定価以上の価格で買い取ってくれる。つまりそれだけで儲かる。業者が定価より法外に高いプレミア価格で再販売する事態が起きているのだ。

もちろんロレックス自身は精度や耐久性に優れ、つねに改良を怠らないまじめな時計ブランド。だからこそ世界で最も人気があるわけで、常時、購入希望者が生産・出荷数を上回っている。

価格設定は品質や精度、耐久性を考えれば、極めて良心的。だから価格を超えた価値を備えている。中古市場においても安定した人気があり、丁寧に使用していたら、購入時の価格からさほど値落ちしないで買い取ってもらえる。リセールバリュー（再販価値）が高いのは確かだろう。

しかし、現在の状況、つまり、定価で購入できるものが定価以上で転売でき、しかも製品の絶対的な価値を水増しした法外なプレミア価格で売られる、というのは明らかにおかしい。「デイトナ」のような人気モデルだと中古でも数百万円台。これは一時的なブームでありバブルなのだ。

そしてブームは終わり、バブルは必ずはじける。損をするのはいつも踊らされた消費者。1980年代に日本で起きたロレックスの「バブルバック」ブームがそのような結末を迎えたように……。

だからプレミア価格を支払ってまで、転売ヤーなどを経由した業者からロレックスを購入するのは、ぜひともやめてほしい。

筆者の見解では、テレビの影響も大きかった。19年秋から20年春にかけて、「ロレックスを転がす（転売する）と儲かる」「ロレックスは持っていると、将来、値が上がって儲かる」という、誤ったメッセージを発した一部のバラエティー番組のあおりで起きた、異常現象といってもいい。

ロレックスのスポーツモデルを筆頭に、限定でない普通の時計には、定価を超える絶対的な価値はない。だから将来化けて大きく儲かることはまずない。プレミア価格でロレックスを購入しても、時計を真剣に作っているメーカーにとっては何のメリットもない。

時計を転がす転売ヤーを筆頭とする業者が、濡れ手で粟の儲けでほくそ笑むだけだろう。

コロナ禍の巣ごもり需要を受け、世界中で高級時計の需要は復調している。スイス時計の総輸出額は2021年に223億スイスフラン（約2・8兆円）と過去最高を更新。本数は減りながらも金額は増え、単価が上昇したのがわかる。1000万円を超える超高額モデルも、品薄との現場の声があり、本当に欲しい人の実需は健在だ。

◆ ラグジュアリーがコロナ禍で人気
—スイス時計の総輸出額—

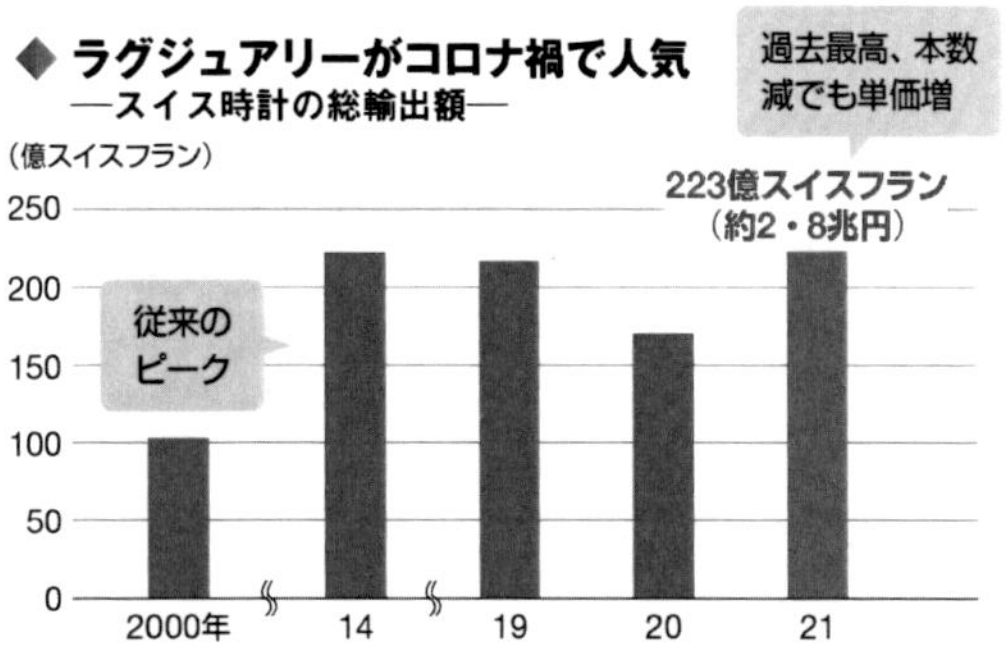

(注)1スイスフラン＝124円換算　(出所)スイス時計協会FH

400年以上に及ぶ時計師たちの英知から生まれた機械式時計は、飽きの来ない毎日楽しめる工芸品。魅力的な時計はほかにもたくさんある。目先の投機欲に惑わされ、時計を買ってしまうのは、実につまらないしもったいない。

もちろんロレックス以外にも、「グランドセイコー」などの国産を含め、すばらしい時計はまだたくさんある。自分自身のため、さらに親から子、孫へと贈るため、真に価値ある時計を選び、楽しんでほしいものだ。

渋谷ヤスヒト（しぶや・やすひと）
1986年早稲田大学卒業後、徳間書店入社。モノ情報誌『GoodsPress』で国内外の時計ブランドやフェアを現地取材。時計専門ウェブ「webChronos」で連載。

金融所得課税に震える市場

経済ジャーナリスト　千葉商科大学教授・磯山友幸

「参議院議員選挙が終わったら、財源の手当てを始めますよ。物価対策だけでなく、防衛費の大幅な増額にも必要ですから」

岸田文雄首相の側近議員はそう語っていた。政府は年末の予算編成に向け動き始める。焦点は今まで封印してきた増税だ。日本銀行が国債を引き受ければ済むという主張もあるが、通貨価値が毀損すれば円安が進みかねず、正面から増税議論が必要になる。

だが、消費税率の引き上げは、岸田氏が自民党総裁選挙の際に「今後10年程度は消費税増税が不要」と明言しており、手のひらを返すわけにいかない。そうなると、同じ総裁選で岸田氏自らがぶち上げた「金融所得課税」の強化ががぜん、浮上してくる。

首相就任直後も、株の配当や売却益に課税する金融所得課税（税率20・315％）の強化に意欲を見せたが、国会で発言するたびに株価が下落。「岸田ショック」と批判されたことから避けてきた。岸田内閣は久々の宏池会内閣で、財務省の影響力が強い。いわく1億円の壁。年収5000万円超から1億円の層の所得税負担率が30％弱なのに、1億円を超えると金融所得の割合が増えて所得税負担率が低下し始める。これを問題視してきた財務省にとっては、金融所得に増税余地があると考えていることは間違いない。

◆ "1億円の壁"を超えれば税負担率は低下
—申告納税者の所得税負担率—

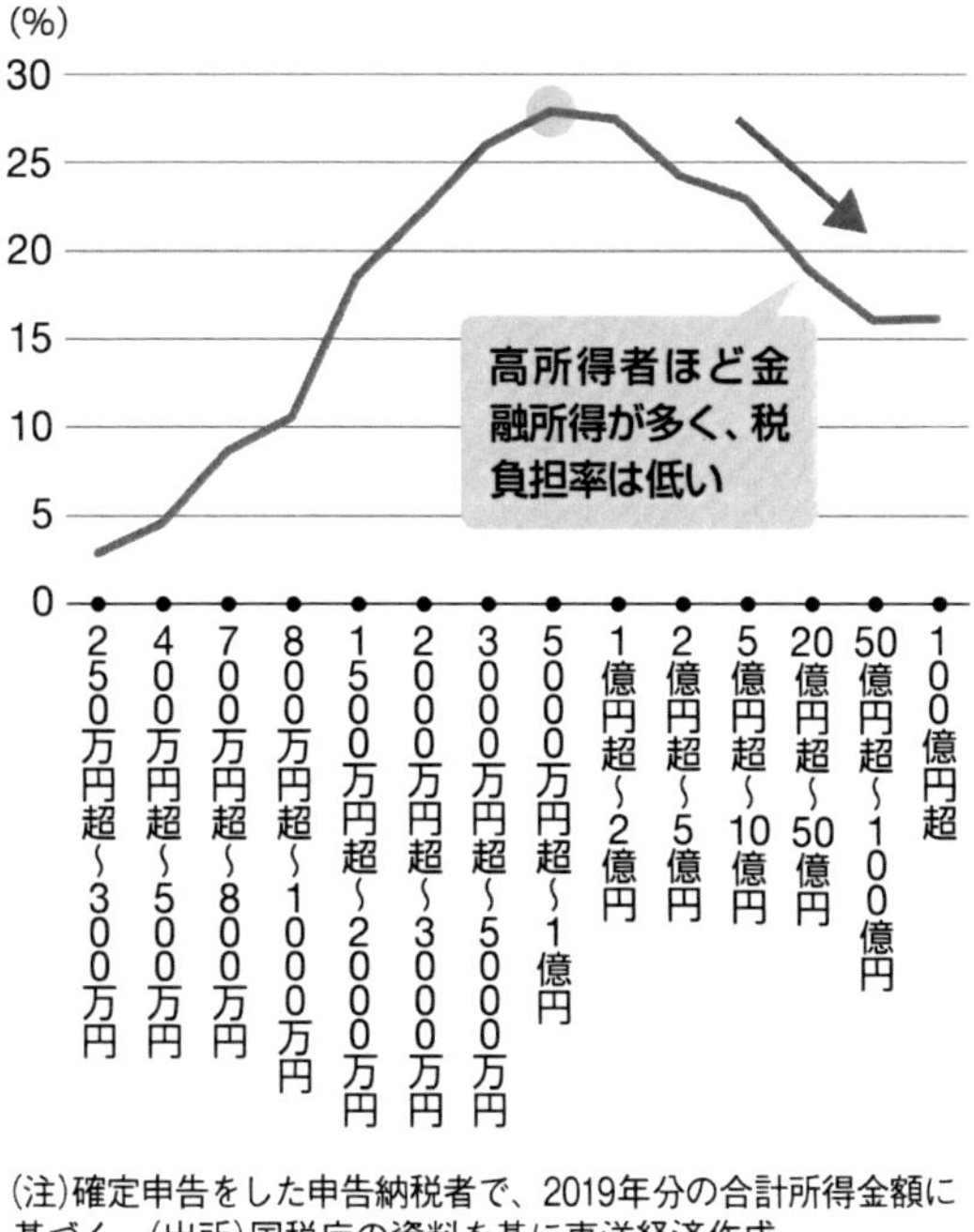

(注)確定申告をした申告納税者で、2019年分の合計所得金額に基づく　(出所)国税庁の資料を基に東洋経済作成

しかし、実際に金融所得への課税強化が決まれば、株式市場は暴落するという見方がある。一方で、税率が10%から現行の20%に引き上げられた2014年以降も、アベノミクスで株価が上昇したのを引き合いに、暴落することはないという声もある。

さすがに課税強化を嫌って、資産家が株式をすべて売却するようなことは起こらないだろう。ただ、多額の資産を運用する富裕層を中心に、投資先を日本から海外へと移す動きがジワジワと広がる可能性はありそうだ。

さらに、これまで分離課税によって税金が軽く済んでいたのに、総合課税で税金が増える場合、富裕層があえて日本に投資しなくなる公算もある。そうした資産が海外に移れば、資金調達したい企業も海外で上場しかねない。

現状ではタイミングがよくない。猛烈な円安が進んでいるからだ。成長率が低く、通貨が弱くなる国に投資する投資家は少ないため、株式市場に資金が入らない懸念が強まっている。そんなときに課税強化をすれば、海外投資家が一斉に日本の市場を見捨てることは、否定できまい。

岸田首相は6月、「新しい資本主義のグランドデザイン及び実行計画」で資産所得倍増をぶち上げたが、金融所得への課税強化はこれと矛盾する。それを押しのけてでも富裕層にメスを入れるだけの政治的パワーがあるかどうか。

自民党を支持する中小企業経営者や商工業者、高齢者たちは、金融資産を比較的多く保有する。「株価が大きく下落すると『自民党は何をやっているのか』とお叱りの電話が支持者から来る」（自民党議員）。はたして、岸田首相がどんな増税プランを打ち出してくるか、目が離せない。

磯山友幸（いそやま・ともゆき）
1962年生まれ。早稲田大学政治経済学部卒業後、日本経済新聞社入社。チューリヒ局長等を経て2011年独立。著書に『「理」と「情」の狭間』など。

COLUMN　１０億円以上なら提出の義務あり

財産債務調書で捕捉される

税理士法人ＬＥＧＡＲＥ代表社員／税理士・村田顕吉朗

国税当局が富裕層の財産を捕捉する動きがますます強まっている。近年の動向として、３つのポイントを指摘しておきたい。

第１に「財産債務調書」だ。もともとは２０１５年度税制改正で創設された。所得が２０００万円超で一定以上の財産を持つ人は確定申告とともに財産の明細を提出しなければならない。２２年度改正では調書の提出義務者の範囲が拡大。所得に関係なく、財産が１０億円以上あれば、提出義務が生じるようになった。

◆ **所得が少なくても資産家には厳しい捕捉**

—財産債務調書制度の改正の概要—

	財産債務調書（改正前）	財産債務調書（改正後）	国外財産調書（参考）
提出義務者	次のいずれにも該当する者 ・所得2000万円超 ・財産3億円以上または国外転出特例対象財産（有価証券等）を1億円以上保有	左記に加え、12月31日における**財産の合計が10億円以上**の居住者（所得基準なし）	国外にある財産が5000万円超
提出期限	3月15日	6月30日	6月30日

（出所）筆者作成

新たに提出の対象となる人は、2023年末の財産の評価を基に、24年6月末が最初の提出期限となる。所得はそれほど高くなくても、不動産を多く所有している都市近郊の農家や地主、申告不要の配当収入が多い資産家などが該当すると考えられよう。

財産債務調書の未提出、または記載漏れがあった場合、ペナルティーが科される。対象財産の所得税や相続税に申告漏れが生じた際は、加算税が5％上乗せされてしまう。

ちなみに所得が2000万円を超えると、財産債務調書の提出義務がないか、確認する書面が税務署から届く。このようにして調書の提出を促し、富裕層の財産把握を進めているわけだ。

なお、海外に保有する財産が5000万円を超えると、財産債務調書とは別に、「国外財産調書」の提出が必要になってくる。財産を海外に移転しさえすれば、財産債務調書を提出しなくていい、という考えは禁物である。

第2が「有価証券の大量保有の報告書」である。

2022年度改正では国内の上場企業に、株式保有割合1％以上の者の氏名・個人番号・保有割合などを、税務署へ報告させる制度が創設された。報告書は配当の支払いが確定してから1カ月以内に出さなければならない。税務署は個人が会社の株式を何％持っているか正確に把握できる。

現在、上場株式の配当は通常20％の申告分離課税だが、個人で3％以上保有している大口株主の場合、給与や年金などと合算され、総合課税が行われている。今回この要件について、同族会社が保有する株式と併せて3％以上になれば、個人の受け取る配当が総合課税の対象となった。

現状で資産家の多くは、資産管理法人と呼ばれる同族会社に対し、財産を移転する手法を取っている。実質的な増税であるといえよう。

第3は財産の海外移転に関する諸制度である。

富裕層に対する国外財産の捕捉、課税逃れの防止といった動きは、近年活発化している。15年からは国外転出時課税制度が導入され、有価証券を海外へ持ち出す際には、出国時にキャピタルゲインに課税されることとなった。

2018年にはOECD（経済協力開発機構）が策定したCRS（共通報告基準）を適用。非居住者の金融機関の口座情報を各国の税務当局で共有している。日本は19年度に200万件超の口座情報を受け取り、得た情報を基に税務調査も行っているようだ。

国税庁のサイトには以下のような記載がある。「国税庁では、（中略）『富裕層』に対して、資産運用の多様化・国際化が進んでいることを念頭に調査を実施しており、（中略）積極的に取り組んでいます」。税制改正を機に富裕層の財産を捕捉する流れは今後も止まらなそうだ。

村田顕吉朗（むらた・けんきちろう）
1982年生まれ。筑波大学卒業。LEC会計大学院修了。税理士事務所勤務を経て2012年開業。専門は相続や事業承継。執筆や講演多数。

相続・贈与一本化の筋書き

辻・本郷税理士法人 シニアパートナー／税理士・山口拓也

日本税理士会連合会（日税連）といえば税理士の業界団体である。政府との関係も深く政治力も強い。その日税連の税制審議会が2022年4月にある注目される答申を公表した。

内容は「資産移転の時期の選択に中立的な相続税・贈与税のあり方について」。この答申を基に、日税連は税制改正建議書を取りまとめ、関係省庁に提出する。毎年末に政府与党が決定する、「税制改正大綱」にも少なからず影響を与え、見逃せない資料だ。

今回の内容は主に2つ。暦年課税制度と相続時精算課税制度の見直しである。前者は年間110万円までの贈与なら非課税になる制度。後者は累計2500万円までの贈与なら非課税だが、相続時には相続財産に加算される仕組みだ。20年では暦年課税が36万人、相続時精算課税が4万人と、圧倒的に前者が多い。

大綱が火をつけた騒動

「暦年贈与が廃止される?」——。衝撃的な観測が拡散したのは約1年半前のことだった。2020年12月に発表された21年度税制改正大綱にある記載がきっかけだ。

暦年贈与(暦年課税)では、もらった金額が年間110万円の基礎控除(非課税枠)の範囲内なら、贈与税がかからない。毎年毎年110万円を親が子に贈与している家庭も少なくない。

だが同大綱にある相続税・贈与税のあり方では、「現在の税率構造では、富裕層による財産の分割贈与を通じた負担回避を防止するには限界がある。(中略)現行の相続時精算課税制度と暦年課税制度のあり方を見直すなど、格差の固定化の防止等に留意しつつ、資産移転の時期の選択に中立的な税制の構築に向けて、本格的な検討を進める」と記されていた。

そこからさまざまな臆測が駆け巡る。「暦年課税が廃止され、相続時精算課税に一本化される」「生前贈与のすべてが持ち戻し（＝相続財産に加算されること）になる」など。早くも税理士法人が富裕層向けに駆け込み贈与を案内したほど衝撃が大きかった。

もっとも、過去の小口贈与の全件を加算し、さらに確認する作業は、実務的に難しい。併せて、2021年は10月に衆議院選挙が予定されていたことから、政府与党でも本格的な議論は起こらなかった。

結果として、21年12月に発表された22年度税制改正大綱では、具体的な記載はなし。再度「本格的な検討を進める」との表現にとどまったのである。

迎えた先の7月の参議院選挙では、自民・公明両党が勝利。岸田文雄政権の基盤はより強固になった。こうした経緯を受け、現段階で想定される今後の税制シナリオについて、解説してみたい。

振り返ると贈与税は、最高税率がそれまでの70％が2003年に50％へ軽減され、15年に55％へと再び重くなった。一方で基礎控除は2001年に従来の60万円から110万円へ拡大。現状の大綱では、高齢世代から若年世代への資産移転による経済の活性化と、格差の固定化防止という、相反する目的を掲げている。

つまり流れは〝持っている層〟への負担強化に向かっている。

暦年は加算期間の延長も

実際に政府税制調査会によれば、生前贈与の多い富裕層ほど何年も贈与をしている、というデータがある。年間400万〜1000万円の贈与では20代の66％が翌年も贈与を受け、年間2000万円以上を贈与している層が最も長く贈与を続けていることが判明した。財産を多く持つ者は、子世代が若いうちから長期間の贈与を繰り返し、税負担軽減を図っているのがわかる。

◆ 基礎控除・税率とも15年改正で増税に

—相続税と贈与税の基礎控除と税率の推移—

	相続税		贈与税(暦年課税)	
	基礎控除=非課税枠	税率	基礎控除	税率
1953年	50万円	15〜70%	10万円	20〜70%
58	150万円+30万円×人数	10〜70%	20万円	15〜70%
62	200万円+50万円×人数			
64	250万円+50万円×人数		40万円	
66	400万円+80万円×人数			10〜70%
73	600万円+120万円×人数			
75	2000万円+400万円×人数	10〜75%	60万円	10〜75%
88	4000万円+800万円×人数	10〜70%		10〜70%
92	4800万円+950万円×人数			
94	5000万円+1000万円×人数			
2001			110万円	
03		10〜50%		10〜50%
15	3000万円+600万円×人数	10〜55%		10〜55%

(注)人数は法定相続人数
(出所)各種資料を基に東洋経済作成

◆ 20代の3人に2人は翌年も贈与を受けている

—連年贈与の状況—

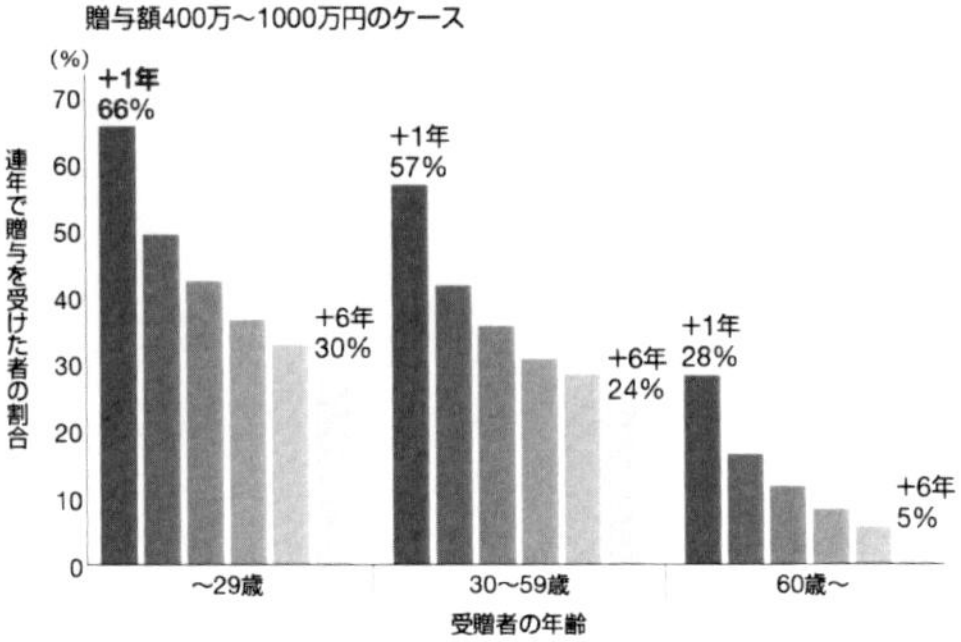

(注)2012年分の贈与税申告者が翌年以降も贈与を受けている状況
(出所)国税庁の資料等を基に東洋経済作成

相続税と贈与税の税率差を利用し、生前贈与によって早く財産を移転すれば、税負担を軽減しつつ資産の承継が可能となっている。これが資産移転の時期に中立でないといわれるゆえんだ。

では政府が目指す税制とはいったい何を指すのか。

現行では暦年課税の場合、相続前3年以内は持ち戻しとなる「3年ルール」が適用され、贈与で得た財産は相続財産に加算される。「子にできるだけたくさん生前贈与をすれば、それだけ相続税がかからない」ことを防ぐルールといってよい。贈与をさせない期間が長ければ長いほど、中立な税制であると考えているようだ。

そこでこの3年間について、米国のように相続前の全期間を対象にする、あるいはドイツやフランスのように相続前10年間や15年間に延長する、との見方が浮上している。日税連は5年間ないし7年間を提言した。

◆ **2本立てなのは日本だけ**
—日本と米独仏の相続・贈与税比較—

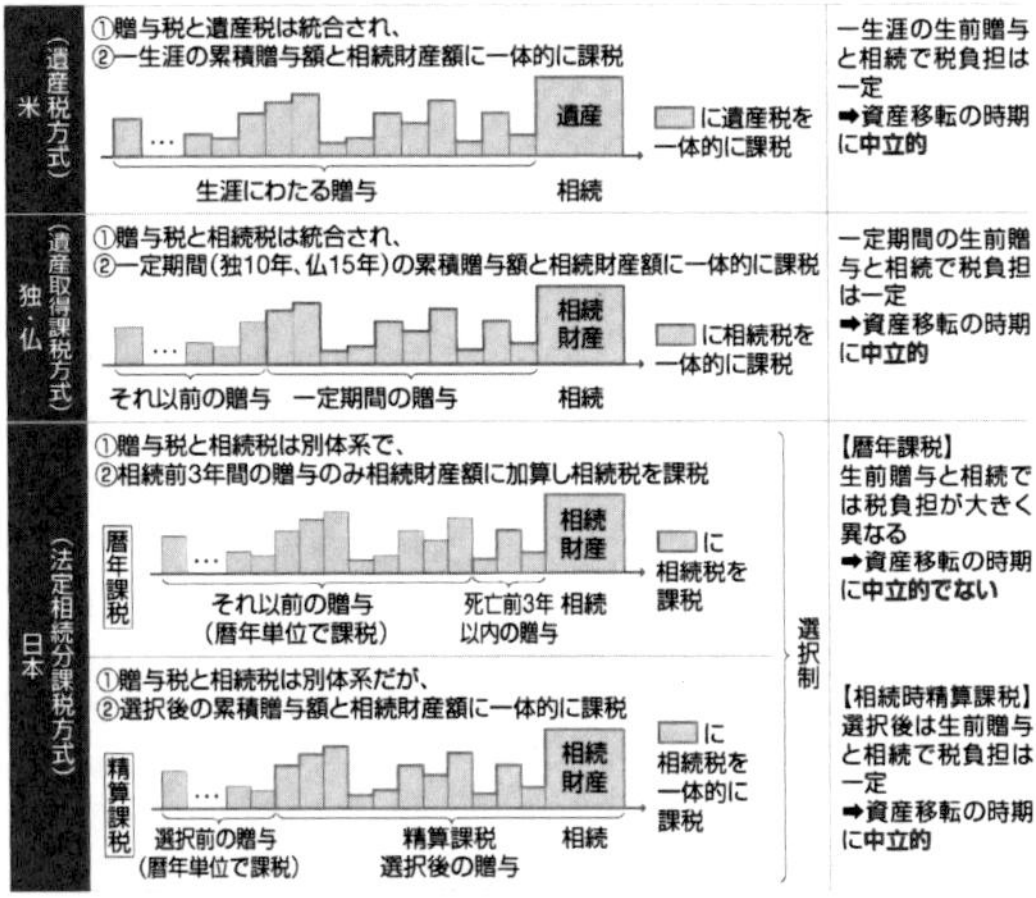
米（遺産税方式）
①贈与税と遺産税は統合され、
②一生涯の累積贈与額と相続財産額に一体的に課税
遺産
…
生涯にわたる贈与
相続
に遺産税を一体的に課税
一生涯の生前贈与と相続で税負担は一定
➡資産移転の時期に中立的
独・仏（遺産取得課税方式）
①贈与税と相続税は統合され、
②一定期間（独10年、仏15年）の累積贈与額と相続財産額に一体的に課税
相続財産
…
それ以前の贈与
一定期間の贈与
相続
に相続税を一体的に課税
一定期間の生前贈与と相続で税負担は一定
➡資産移転の時期に中立的
日本（法定相続分課税方式）
①贈与税と相続税は別体系で、
②相続前3年間の贈与のみ相続財産額に加算し相続税を課税
暦年課税
相続財産
…
それ以前の贈与（暦年単位で課税）
死亡前3年以内の贈与
相続
に相続税を課税
【暦年課税】
生前贈与と相続では税負担が大きく異なる
➡資産移転の時期に中立的でない
選択制
①贈与税と相続税は別体系だが、
②選択後の累積贈与額と相続財産額に一体的に課税
精算課税
相続財産
…
選択前の贈与（暦年単位で課税）
精算課税選択後の贈与
相続
に相続税を一体的に課税
【相続時精算課税】
選択後は生前贈与と相続で税負担は一定
➡資産移転の時期に中立的

（出所）政府税制調査会の資料を基に東洋経済作成

同じ答申においては、税理士業界が求めている考えも読み取れる。ほかに暦年贈与で要望したのは、①基礎控除、②税率水準、③非課税の特例措置などだ。

仮に暦年贈与が廃止されるようなことになれば、高齢者の資産は若い世代へと移転しづらくなる。資産移転を促すにはむしろ、①基礎控除の110万円は資産移転の障害にならない水準に引き上げること、②税率水準は現在の最高税率55％を改正前の50％に下げることなどを挙げた。

一方、③非課税の特例措置では、今ある教育資金や結婚・子育て資金の一括贈与について、ルールどおり23年3月末での廃止か縮小を提言。教育資金贈与はなくなっても既存の口座を使えるし、扶養義務者からの教育資金は昔から実質非課税となっているからだ。

中期で精算課税に移行か

同様に相続時精算課税でも要望した。贈与された財産を、贈与した人が亡くなったときの相続財産にすべて戻す、という点では中立的な制度だろう。米国を参考に

2003年から始まった制度である。

相続時精算課税の場合、特別控除として累計2500万円まで、贈与税がかからない。ただ、使い勝手は悪い。適用されるのが18歳以上の子や孫に限定されるうえ、いったん選択したら暦年課税には復帰できないからだ。

タイムラグに伴うデメリットもある。贈与を受けた財産を贈与時の価額で相続財産に戻す仕組みゆえに、①将来の税制改正リスク、②相続財産の価値下落リスク、③小規模宅地等特例の適用不可、などがそれに当てはまる。

まず①将来の税制改正リスクとは、将来増税となった場合、財産を持ち戻したとき、想定より税負担が重くなるリスクだ。15年改正前の基礎控除の水準であれば相続税はかからなかったが、改正後の基礎控除縮小を受け税負担が発生したケースが該当する。

②財産の価値下落リスクも無視できない。贈与時の価額で相続税の計算をするため、景気悪化で土地の価値が下落しても、税額は当初の高い価額のままで計算される。土地が災害などで使い勝手が悪くなったときなども同じだ。

ほかに、③小規模宅地等の特例が適用できない、という短所もある。自宅敷地について評価額を80％減額できる制度だが、生前贈与を受けて相続財産に持ち戻しても、特例を適用できない。

政府や業界が動く中、資産移転の時期に中立な税制を目指すなら、これらの問題を解決しつつ、いずれ相続時精算課税へ移行することが想定されよう。すべての財産を加算対象とすることは実務上難しいため、少額贈与は対象外とすることも検討されているようだ。結局、短期では暦年贈与の相続加算の期間を3年間から延長し、中長期で相続時精算課税に一本化するというシナリオではないか。

税制改正で申告漏れのような事態が増えれば、納税者や税理士、国税当局の信頼関係は揺らぐ。現実的で公平感ある改正を期待したい。納税者には将来の改正に備えて早めの対策をお勧めする。

山口拓也（やまぐち・たくや）
2007年辻・本郷税理士法人入所。08年税理士登録。18年執行理事（現シニアパートナー）に就任。専門は資産税や事業承継対策、法人税務等。幻冬舎ゴールドオンラインで連載。

「暦年課税は見直し対象　金融所得課税にも着手」

自民党税制調査会会長　参議院議員・宮沢洋一

2022年末に向けて議論が進む23年度「税制改正大綱」。20年、21年と焦点になっていた、年間110万円まで非課税の暦年贈与はどうなるのか。相続税との一体化に向かうのか。富裕層向けも含め税制はどうあるべきか。自民党税制調査会会長の宮沢洋一参議院議員を直撃した。

――2022年度改正では相続税と贈与税の一体化について「本格的な検討」とありました。今の資産課税にはどんな問題がありますか。

まず相続税の最高税率55%以上で高額な財産を持つ人は、亡くなる3年前より前に生前贈与を繰り返せば、税額を少なくできる問題が1つ。またもう1つ、贈与税の税率が高いため、老年から若年へ世代間の資産移転が進んでいない、という問題もある。これらについて考えないといけない。

——暦年課税の基礎控除（非課税枠）110万円を廃止・縮小する考えはありますか。贈与の相続加算3年間を独仏のように10～15年間へ延長する可能性は。

世代間の資産移転を促進する観点などから、非課税の110万円を縮小する必要はないと個人的に思う。正直、なくすのは、政治的にも難しい。ただし、相続加算の期間を延ばすことは、議論の対象になりうるだろう。といって、米国のように過去の贈与をすべて加算するのは、書類の保存など税の現場からすると現実的でない。期間については今後の話だ。

——一方、暦年課税に比べて、相続時精算課税のほうはあまり利用されていません。

相続時精算課税の特別控除（非課税枠）は2500万円までだが、日本ではまだ現金で持っている人が多いせいかもしれない。国税当局も国民の所得・資産を把握し切れていない。税の公平感や格差是正を実現するためにも、納税者番号制度などを使い、しっかり把握する仕組みが大事だと思う。

――金融所得課税（現行税率20％）についても問題提起しています。

個人の金融所得を増やし、金融資産を持たない人にどう投資してもらうかは大事な話だ。つみたてＮＩＳＡ（少額投資非課税制度）の拡大のような議論は当然行われる。が、すでに投資で大きく金融所得があり、そうとう多額の金融資産を持つ人は、少数ながら結果的に税負担が小さい、ということ。そういう人たちにある程度負担してもらう議論は避けて通れない。

――2023年10月から消費税のインボイス（適格請求書）制度が始まります。中小事業者から取引が続けられるか不安の声もあります。

軽減税率を導入している国でインボイスのない国はない。番号登録や保存の義務も税務調査が想定される世界では当たり前。免税事業者から課税事業者に転換する人も、免税事業者のままの人もいるし、激変緩和措置がある中、徐々に落ち着いていく。〝益税〟がある今までのほうが若干問題だった。

（聞き手・大正谷成晴）

宮沢洋一（みやざわ・よういち）

1950年生まれ。74年東京大学法学部卒業後、大蔵省（現財務省）入省。2000年衆議院議員当選。10年参議院議員に当選（広島選挙区）、現在3期目。経済産業相などを務める。15年自民党税制調査会会長就任、21年再任。

【Q&A】知っているようで知らない生前贈与

税理士　税務ライター・鈴木まゆ子

誰しも年を取ると「相続や贈与について考えなくては……」と思い始めます。とはいえ、そう思っても難しい用語ばかりで、ついていけないことがあります。お金や人の生き死ににも絡むから、「生前贈与って何？」と簡単には聞けない人もいるでしょう。ここでは知っているようで知らない、生前贈与の基本についてQ＆A形式でお伝えします。

【Q1】生前贈与は何ですか。贈与と相続はどこが違うのですか。

（A）生前贈与とは、主に親族間で生きている人（贈与者）から生きている人（受贈者）に対し、財産を無償であげる契約です。

一方、相続とは、生きている人（相続人）が亡くなった人（被相続人）から、財産を自動的に引き継ぐことです。その最も大きな違いは、財産の持ち主が生きているかどうかであり、死亡＝相続発生になります。

また、贈与は契約の1つなので、「あげます」「もらいます」という双方の合意が必要です。一方の相続は、人の死亡をきっかけとした資産の承継。人が亡くなると、故人の財産は自動的に相続人の共有下に置かれるため、合意の有無は関係ありません。

【Q2】お小遣いやお祝い、生活費の援助は贈与に含まれますか。

（A）お小遣いも生活費の援助も、どちらも贈与になります。なぜなら民法が定める条件がともに備わっているからです。民法では次の3つの条件が当てはまるものを贈与としています。

・「あげます」「もらいます」と双方が合意していること
・もらう側は義務や責任を負わないこと

・無償でもらうこと

これは必ずしも口頭で「あげる」「もらった」と言わなくても構いません。実際に親子間でお小遣いや生活費をもらった側は自由に使えます。贈与でお金の所有権が相手に移ったからです。

ちなみに大学の入学金や授業料も、親から子への贈与に当たります。本来「親→子→大学」とお金が流れるべきところを、実質的には「親→大学」とショートカットしているにすぎません。

【Q3】正式な契約書は贈与で必要ですか。税理士に頼むほうがいいですか。

(A) 贈与契約書はなくてもいいのですが、あったほうがトラブル防止にはなります。依頼先は弁護士あるいは行政書士です。シンプルな内容であれば、個人でも作ることができます。

贈与は口約束でも成立しますが、契約書がないと、もらう側はあげる側に「まだ財産をくれないの?」と注文を言えません。税務調査で税務署から余計な疑いを持たれたり、親族と遺産分割でもめたりするおそれもあります。トラブルを未然に防ぎたいなら、契約書は作ったほうがいいでしょう。

贈与契約書は弁護士か行政書士に頼めば、作成してもらえますし、費用は2万円以上が一般的。もっとも「金500万円を子に贈与する」など簡単な内容なら自分で作れます。ネットや書籍にある雛型を参考にするとよいでしょう。

【Q4】たくさん贈与しても、贈与税がかからない条件とは何ですか。

（A）「親からその都度もらう教育費や生活費」「お年玉やお中元など慣習的なやり取り」には贈与税がかかりません。金額に関係なくです。このほかは贈与税がかかります。それでも制度を上手に使えば、非課税で贈与できます。

以下の贈与は、もらう金額に関係なく、贈与税はかかりません。配慮が必要な財産であるため、税法で非課税とされています。

・親や祖父母といった扶養義務者から必要の都度もらう教育費や生活費

・お年玉やお中元、卒業・入学のお祝いなど慣習的なお金のやり取りで、常識的な範

囲のもの

・離婚時の財産分与や慰謝料

ただし、金額が異常に大きかったり、目的以外で使ったりすると、非課税にはなりません。生活費などを一括でもらうと、原則、贈与税がかかります。

しかし、もらった財産全額に、課税されるわけではありません。贈与税が課されるのは、財産から基礎控除（非課税枠）を差し引いた金額。基礎控除以下の金額でもらえば税金はかからないのです。

また、住宅や教育、結婚・子育てのための資金にも、非課税措置があります。措置を使えば、1000万～1500万円などの大金を一括でもらっても、贈与税はかかりません。20年以上連れ添った配偶者から自宅をもらっても2000万円まで非課税です。

【Q5】贈与税の暦年課税と相続時精算課税は何が違いますか。

（A）贈与税の制度は2つあります。1つは「暦年課税」制度、もう1つは「相続時精算課税」制度です。

両者の最も大きな違いは税の計算期間になります。まず暦年課税は、年間ベースで贈与税を計算します。対して相続時精算課税は、これまでにもらった累計のベースで贈与税を計算します。このほか基礎控除や対象者などの条件に違いがあります。

◆ 贈与税には「暦年課税」と「相続時精算課税」がある

暦年課税制度	相続時精算課税制度
毎年110万円まで財産をもらっても贈与税はかからない	累計2500万円まで財産をもらっても贈与税はかからない
(1年間にもらった財産－110万円)×税率10～55%	(もらった財産の合計－2500万円)×税率20%
誰でも使える	あげる人・もらう人に条件がある
届け出不要	届け出が必要
相続税はかからない(ただし死亡日以前3年間の贈与にかかる)	すべて相続税がかかる(贈与時の時価で相続税を計算)
申告・納税は難しくない	ルールが厳しくミスしやすい(税理士に要相談)

(出所)筆者作成

暦年課税では、1月1日から12月31日までにもらった金額で、贈与税を計算。年間110万円までは課税されません。「1年間にもらった財産－基礎控除110万円」の金額に課すのです。18歳以上の子が親や祖父母からもらう特例贈与と、それ以外の一般贈与とで、税率は異なります。最低10％から最高55％の間で、特例贈与のほうが税率は低くなります。

他方、相続時精算課税では、時期を問わずもらった合計額で、贈与税を計算。累計2500万円になるまでは課税されません。「累計でもらった財産－特別控除2500万円」の金額に課すのです。税率は一律20％になります。

そのほかにも、暦年課税と相続時精算課税には、主な違いが3つあります。

1つ目は誰が使えるか。暦年課税はすべての人が対象になります。ところが、相続時精算課税は「あげる人が「60歳以上の親や祖父母」で、もらう人が「18歳以上の子や孫」でないと使えません。

2つ目は届け出が必要かどうかです。暦年課税は届け出が要りません。相続時精算課税は使うと決めた初回に、相続時精算課税選択届出書を税務署に出す必要があります。届出書は贈与税の申告書とともに提出します。いったん届け出をすると、その間柄の贈与はずっと相続時精算課税の対象となり、暦年課税を選べません。

3つ目は相続税がかかるかどうかです。暦年課税でもらった財産には、原則、相続税はかかりません。例外的に、相続日（死亡日）前の3年間にもらった財産には相続税がかかりますが、それのみ。これに対し、相続時精算課税でもらった財産には、すべて相続税がかかります。たとえ相続で財産をもらっていなくてもです。

なお、相続時精算課税は、非課税枠が大きい反面、申告などのルールがかなり厳しい制度です。使う場合は事前に税理士に相談したほうがいいでしょう。

【Q6】家族なら当事者同士が黙っていれば税務署に贈与が漏れませんか。

（A）税務署に知られるとしたら、相続税の税務調査か、もらった人の消費行動でしょう。

例えば、「500万円を父からもらったが、記録がつかないよう現金で受け取った。

父と私が黙っていれば、贈与税を申告しなくてもバレない」と、思う人がたまにいます。しかし残念ながら、リスクはゼロではありません。

まずは税務調査。相続税の申告をした年の翌年か翌々年、相続税の税務調査が入ることがあります。この際、故人（被相続人）の預金通帳は、過去10年分見られます。大きな金額の引き出しがあれば、貸し付けか贈与が疑われます。自分（相続人）の預金口座や過去の申告を調べられることもあるでしょう。結果として贈与税の申告漏れが発覚するわけです。

このほかには高額の買い物でも発覚しやすいです。とくに不動産を購入したとき。税務署から届く、「お買いになった資産の買入価額などについてのお尋ね」といったような書面において、購入の資金源を聞かれます。「お尋ね」の回答と贈与税の申告を照らし合わせ、申告漏れの可能性があれば、税務調査が行われます。

【Q7】贈与税と相続税では、支払うのにどちらが少なくて済みますか。

（A）相続人になる人が1人だけなら、相続税のほうが贈与税より少なくて済みます。

基礎控除は相続税のほうが大きく、税率は相続税のほうが低いからです。ただし、相続人が2人以上だと、簡単には比較できません。相続税の計算が複雑だからです。

贈与税と相続税の計算は異なります。贈与税はいくら贈与されたかだけで計算できます。一方の相続税は、「相続した財産 × 税率」で計算しません。被相続人から相続した財産をすべて足したうえで、基礎控除を差し引き、課税される金額を算出します。そして、その金額を法定相続分で分けて税額を計算し——と、何段階かを踏んで、やっと最終的な納税額がわかるのです。

贈与税の基礎控除は110万円（暦年課税）、特別控除は2500万円（相続時精算課税）しかありません。一方、相続税の基礎控除は、「3000万円 + 600万円 × 法定相続人数」で計算します。相続人1人だけなら3600万円までは税金はかかりません。仮にかかったとしても、相続税のほうが金額は少なくなります。

ほかにも相続税には納税額を抑えられる制度があります。「配偶者の税額軽減」（配偶者が1億6000万円以下か法定相続分まで相続しても非課税）、「小規模宅地等の特例」（自宅敷地の評価額が80%減）などがそうです。「正しく比較したい」「対策を知りたい」と思うなら、専門の税理士に相談したほうが安心でしょう。

鈴木まゆ子（すずき・まゆこ）
2000年中央大学法学部法律学科卒業。会計事務所勤務を経て、12年税理士登録。執筆の専門は税務・会計・マネー関係。朝日新聞「相続会議」で連載。共著に『海外資産の税金のキホン』。

一括贈与の非課税生かせ

税理士法人タクトコンサルティング 情報企画部部長
税理士・山崎信義

親や祖父母が子や孫のため、お小遣いなど、必要と認められる範囲で贈与したお金には、贈与税がかからない。ただし非課税となるには、必要な都度、必要な金額を贈与した際に限られる。将来の費用もまとめて贈与し、利用するまで銀行に預け入れる場合、非課税の対象とはならない。

このような場合、贈与を特定の目的に使える、3つの非課税制度が有効だ。「教育資金」「結婚・子育て資金」「住宅取得等資金」の贈与特例を活用することによって、将来の資金を前もって贈与できる。

◆ **教育や結婚・子育ては縮小・廃止され、残るのは住宅資金の贈与か**
—「住宅」「教育」「結婚・子育て」資金の一括贈与にかかる非課税措置—

	住宅取得等資金の一括贈与	教育資金の一括贈与	結婚・子育て資金の一括贈与
適用期間	2023年12月31日まで（2年間延長された）	2023年3月31日まで	2023年3月31日まで
贈与目的	マイホームの購入（中古の購入・増改築含む）	学校の入学金や授業料、塾・習い事	挙式・披露宴、出産費用等
非課税限度額	省エネ住宅：1000万円 上記以外：500万円 （1500万円、1000万円から縮小）	1500万円（うち学校以外は500万円）	1000万円（うち結婚関連は300万円）
贈与者の要件	受贈者の父母・祖父母であること	受贈者の父母・祖父母であること	受贈者の父母・祖父母であること
受贈者の要件	18歳以上で その年の所得2000万円以下（家屋の床面積が40㎡以上50㎡未満は1000万円以下）	30歳未満で 前年の所得 1000万円以下（20代後半の習い事も可）	18歳以上50歳未満で 前年の所得 1000万円以下（40代後半の晩婚もOK）
必要な手続き	受贈者が翌年3月31日までに申告	子・孫名義で信託銀行等に専用口座を開設し、営業店経由で非課税申告書を提出	子・孫名義で信託銀行等に専用口座を開設し、営業店経由で非課税申告書を提出
贈与税課税	受贈者が贈与を受けた翌年3月15日までに新築しない場合や、翌年12月31日までに居住しない場合、贈与税が課される	受贈者が30歳に達した場合、使い残した額には贈与税が課される	受贈者が50歳に達した場合、使い残した額には贈与税が課される
相続発生時	受贈者が相続開始前3年以内に贈与を受け、非課税となった金額は、相続財産には加算されない	受贈者が23歳以上で学生でない場合、使い残した金額は、相続財産に加算される（孫は2割加算）	受贈者が使い残した額は、相続財産に加算される（孫は2割加算）

（注）2022年4月以降　（出所）税理士法人タクトコンサルティング作成

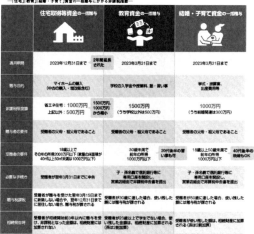

第1の「教育資金の一括贈与」は、2023年3月末までに、親や祖父母から30歳未満の子や孫にあげることが条件。子や孫は贈与された前年の合計所得が1000万円以下の者に限る。信託銀行などの専用口座に預け入れ、申告書を提出すれば、1500万円までは贈与税が非課税となる。

対象となる教育資金で大きいのは、学校に直接支払われる入学金や授業料、入園・保育料だ。施設設備費や学用品代、修学旅行代や給食費もそう。塾や習い事の月謝も含まれ、意外に幅広い。

第2の「結婚・子育て資金の一括贈与」は、23年3月末までに、親や祖父母から18歳以上50歳未満の子や孫にあげることが条件だ。子や孫は贈与を受けた前年の合計所得が1000万円以下である者に限る。対象になるのは、挙式・披露宴の費用や出産・保育費用など。1000万円まで贈与税が課されない。

これらを使って非課税を適用されるためには、一定の期日までに贈与されたお金を使い切ることが求められる。例えば教育資金では、贈与を受けた子や孫が、口座の契約が終了する30歳までに使い残した金額には、その時点で贈与税が課されてしまう。

第3の「住宅取得等資金の贈与」は、23年12月末までに、親や祖父母から18歳以上の子や孫にあげることが条件。原則として子や孫は贈与された年の年間合計所得が2000万円以下の者に限る。対象は自宅の新築・取得・リフォームのための資金で、省エネや耐震性に優れた住宅なら1000万円、それ以外の住宅なら500万円まで贈与税が非課税となる。

この非課税制度を活用すると、親や祖父母の相続時、子や孫が贈与を受けた資金は相続税の課税対象にならない。相続税対策としての効果も期待できる。

存続するのは住宅資金?

これら3つの非課税制度はいずれも、高齢世代から若年世代への資産移転を促進するために設けられた。しかし実態は富裕層の資産移転にも利用されており、無税で多額の資産を子や孫に引き継がせられることから、「格差の固定化につながる」という批判もある。批判を受けながらも延長してきたが、3つの制度ともいよいよ2023年中に適用期限を迎える。

2022年度税制改正大綱では贈与税の非課税制度について、「格差の固定化防止等の観点を踏まえ、不断の見直しを行っていく必要がある」と記載。次の23年度税制改正大綱で見直されるに違いない。

中でも結婚・子育て資金はすでに21年度税制改正大綱で「扶養義務者による生活費等の都度の贈与や基礎控除の適用により課税対象とならない水準にあること(中略)等を踏まえ、次の適用期限の到来時に、制度の廃止も含め、改めて検討する」と記述された。利用者数も20年度で300人台と少なく、期限の23年3月末で廃止される可能性が高い。

また教育資金も、祖父母や親からの必要な都度の教育費の贈与は非課税になることもあり、現状の制度のまま存続させる理由が乏しい。やはり期限の23年3月末をもって廃止または縮小される公算が大きいのではないか。

その反面、住宅取得等資金については、住宅取得に付随して一定の消費の拡大が期待できることから、ほかの2つの制度に比べれば存続されやすい。ただ、わが国の人口減少とともに空き家が増加していることから、持ち家取得を支援する税制が引き続き必要か、という声もある。国の住宅政策の動向次第では、非課税額が縮小されることもあるので、今後の改正の行方に注目したいところだ。

山崎信義（やまざき・のぶよし）
1967年生まれ。90年同志社大学経済学部卒業、大和銀行（現りそな銀行）入行。2001年タクトコンサルティング入社。セミナー講師も。共著に『不動産組替えの税務Q&A』。

肉親や税務署と衝突、空き家は不要……

【事例研究】相続「これでもめました」

とかくお金の絡む相続はもめやすい。トラブルの相手も肉親や税務署、時に税理士など、さまざまだ。空き家などの負の遺産を押し付けられる場合もある。ここでは相続で苦労した3人のケースを取り上げてみたい。

〔ケース①〕遺留分を主張する姉とは縁が切れた

渋谷雅彦さん（60代・男性）のケース

「姉は母の生前から、『遺産の半分をちょうだいね』と権利を主張していましたが、母本人も妻も私もまったく納得できませんでした」。そう憤るのは渋谷雅彦さん（仮名）だ。

渋谷さんは姉と2人姉弟。母は父が亡くなった2015年から一人暮らしだった。実家から100メートルの距離に住んでいた渋谷さん一家は、食事を届けるなど毎日誰かしら顔を出していた。

一方、姉の家は、実家から15分程度。それほど遠くないにもかかわらず、週に1度、顔を見せるか見せないかだ。たまに来ると自分の子に対する愚痴をこぼすだけ。「もっと普通の話をしたいと、母は嘆いていた」（渋谷さん）。

ちなみに渋谷さんの3人の子は、士業や大学生である。片や姉の2人の子はいずれも就職に苦労していた。子が小さい頃は、両家族で旅行に行くなど仲がよかったが、大きくなるにつれて疎遠になっていったという。

母が一人暮らしを始めてから5年後。転倒して骨折したことをきっかけに、老人ホームに入居することになった。渋谷さんの家から車で10分程度だ。入居費用は母親の年金で賄うことにした。

渋谷さんの妻は毎日のようにホームを訪れ、天気がいい日は面倒がる母を励まして散歩に。ホームは週に2日しか洗濯してくれないから、母の洗濯物も毎日持ち帰っていた。母の白内障が悪化したときも妻が病院に連れて行った。

姉はとくに遺産の配分について言ってこなかったが、渋谷さんの中では引っかかるものがあった。

「遺産を姉と半分ずつ分けるのには納得がいかない。そう考えるようになった決定打は、おいのお金の無心でした」（渋谷さん）

姉の子が母のところに来て「100万円ちょうだい」とせがんだのだ。姉にお金が欲しいとせがむと、「おばあちゃんにもらいなさい」と言われたので、老人ホームに来たという。母は「情けない」と、後日、目の前で泣いた。

これを契機に遺産は姉と半分ずつという発想はなくなった。お金でもめれば、姉との縁はおそらく切れるだろう。多少のためらいはあったが、最終的には母に遺言を書いてもらうことにした。

母の相続財産は2300万円強。結局、姉の分が500万円、残りの分はすべて渋谷さんに譲るという内容で、母が直筆で書いた。

そして15年10月、ホーム入所の8カ月後に母は死亡。姉に遺言を見せると内容に納得せず、法定相続人が最低限もらえる、遺留分（この場合は相続財産の4分の1）を請求してきたのだ。

結果的に、遺留分として600万円を姉に振り込んだのだが、実は遺言を書く1年前、姉は母から100万円をもらっていた。母にまとまったお金が入ったためで、この特別受益100万円を加えれば、姉の取り分は700万円とも計算できる。

「遺言は母の意志。被相続人が亡くなれば、何もしてあげられない。もらえるものは何でももらっておこうという発想は、姉弟だからこそ許せない」

渋谷さんの心はすっきりしない。

〔ケース②〕最後は高くついた自力で相続税申告

鈴木雄一さん（60代・男性）のケース

相続について、鈴木雄一さん（仮名）が後悔しているのは、税理士に任せず独力で申告したこと。結果として500万円以上税金が増えてしまった。

父が90歳で亡くなったのは2016年。法定法続人は母、鈴木さん、弟である。財産は現預金1000万円、都内の土地建物(3000万円)、神奈川県のアパートだった。アパートは母の実家で、父が建物230万円、母が土地6000万円を保有していた。

1次相続は母2分の1、鈴木さんと弟が各4分の1。アパートの建物の所有権は弟に移った。

その2年後、母が86歳で亡くなったときの2次相続も含め、鈴木さんは税理士に頼らず、自力で相続手続きを進めると決めて、実行していく。「会社の後輩が父を亡くしたとき、『自力で相続を完結させた』という話を聞き、自分もやってみようと思った。弟は反対したが、私が強く言うもので、最後は任せてくれた」(鈴木さん)。

税務署にある相続税に関する分厚い冊子を読み返すなど、地道な努力を重ね、何とか2次相続でも申告までこぎ着けた。自分ではうまく行ったつもりだった。だが1年後、税務調査が入り、過少申告を指摘されてしまう。

問題となったのが、神奈川県にあるアパートをめぐる、小規模宅地等の特例の解釈だ。

これは相続する貸付事業用宅地で営まれていた親の事業について、申告期限までに保有し賃貸事業継続をすることを条件に、評価額を50％まで減額できるというもの。適用されるかされないか、相続税の支払いで影響は大きい。

鈴木さんはアパートにこの特例が適用されると考えて申告を行っていた。しかし、税務署の判断では、1次相続の際に建物の所有権が弟に移っており、特例は適用されない、というものだった。

結局、修正額は400万円以上で、過少申告加算税や延滞税を併せ、合計500万円以上の税金が加算されたのだ。「税務署から『納得いただけましたか』と聞かれ、理解したが納得していないと答えた（苦笑）」（鈴木さん）。

もちろん鈴木さんは税金を払うことの重要性を人一倍認識している。だからといって、税理士など人任せにするのでなく、自分主体で税金に取り組むべきと現在でも考える。実際に毎年の確定申告は自分で行く。「税金について学び、いろいろ知ってい

く と、工夫できることはある」（鈴木さん）。

例えば医療費控除では、子が大学を卒業後に就職して扶養家族から抜けたら、子の医療費は加算できなくなると思われがちだが、実はできるというのを学んだ。

「税金の中でも相続税に関わるのは人生で1回か2回。確定申告のように、毎年機会があれば経験知を積めるが、相続税はそれができない。せめて子には自分が得た教訓を生かし、自分が亡くなるときに備えた対処だけは、きちんとしておきたい」。鈴木さんは今から気を引き締めている。

〔ケース③〕朽ちる実家と山林　応急策で相続放棄

正木直弘さん（60代・男性）のケース

埼玉県に暮らす正木直弘さん（仮名）の元に、岡山県の山間部にある父の実家と山林の相続問題が降りかかってきたのは、2019年だった。父が83歳で亡くなったときのことだ。

この相続にはいくつもの難題が潜んでいた。山間部の家で敷地は数百平方メートルと広いが、ここ10年ほど誰も住んでいなかったので、とにかく荒れ果てている。家の前を県道が通っており、いつ倒壊して道をふさいでもおかしくない。万が一、車が走ってきたところに崩れ落ちたことなどを考えると、ゾッとしてしまう。

さらに問題をややこしくしているのが、実家と山林の名義が祖父のままになっていること。40年ほど前に祖父が亡くなった際、父は相続手続きをせず、そのままの状態で放置されてきた。父の財産を引き継ぐ法定相続人は、母、兄、鈴木さん、妹の4人である。数百万円の現預金は母が相続した。

正木さんとしては父の実家を早く修繕か解体したいところ。が、兄が祖父の元で18歳までこの実家で暮らしていたため、人一倍思い入れが強く、解体には猛反対している。ならば修繕してくれればいいのに、「とにかく何とかする」の一点張りで乗り出さない。

もっとも、毎年の固定資産税を負担しているのは兄なので、強く言い出すこともできず、黙っているしかない。時折、近所に住む妹が実家の周辺の見回りや草刈りに、汗を流してくれている。

県道に面しているということで1度だけ、「看板設置用に実家の土地を売ってほしい」という話が舞い込んだこともある。しかし、兄の反対で、売却は実現しなかった。

また、実家の裏の山林は急傾斜のうえに荒れ放題で、買い手が現れるとは思えない。

「兄にも妹にも子がおらず、自分のところにだけ子がいる。朽ちかけた実家を自分が相続したら、将来うちの子に迷惑をかけてしまう」。そう正木さんは考えて、最終的に相続放棄を決めた。

「ただ、母が亡くなったとき、さらには兄や妹が亡くなるごとに、法定相続人の私に実家の相続権が巡ってくる。そのたびに放棄しなければならないのかと考えるとうんざりする」（正木さん）

今の日本では、親から引き継いだ資産の管理が難しく、かといって引き取ってくれる相手もなく、途方に暮れる人が増えている。しかし、放置していると、誰が名義人かわからない土地が増えるおそれがある。相続の対象となっている人が亡くなった場合、相続人の人数が広がっていき、数十人に膨れ上がった例もあるのだ。

国や自治体が名義変更を促す施策を講じてほしいと、以前から正木さんは願っていた。実際、２４年4月からは相続の登記が義務化されるなど、所有者不明土地の解消に向けて国も動き始めている。

「『お役所が名義変更をするように勧めているよ』と言うだけで、親族間での話のネタになるから、解決に一歩でも踏み出せると思う」と正木さんはみる。

必ずしも相続で継ぎたくない〝負の遺産〟に向き合う人たちはこれからも増えそうだ。

（構成・竹内三保子、加藤光彦）

相続登記は3年内が義務

みなと青山法律事務所　弁護士・社会福祉士　増尾知恵

不動産登記には、不動産（土地・建物）の所在や面積、所有者に関する情報が記録され、一般公開されることで取引の安全と円滑化が図られている。にもかかわらず、不動産に相続が発生しても、登記をすることは義務とされなかった。その結果、手間や費用がかかるなどの理由から、相続登記がされないまま放置された不動産も少なくなかった。

しかし今回、不動産登記法が改正され、相続登記が義務化されることとなった。施行は2024年4月1日だ。改正法は遡及適用され、違反した場合のペナルティーも定められているから、相続登記がされないまま放置される不動産は減ることが予測される。

改正の背景には、不動産登記から所有者が直ちに判明しない土地や判明しても所在がわからない土地（所有者不明土地）が多い、という事情がある。国土交通省によれば、2017年に所有者不明土地は国土の22％、九州の面積を超えていた。高齢化に伴う〝大量相続時代〟到来で、2040年には北海道の面積を超えるとも推計。所有者不明の理由は、相続登記未了が66％、住所変更登記未了が34％だった。

相続登記がされないまま放置されると、その不動産の権利を持つ相続人がねずみ算式に増え、将来、相続登記を迫られた一部の相続人が多くの時間と費用をかけ解決することになる。放置物件の増加やそれに伴う近隣への悪影響、不動産取引や公共事業が進まないなどの問題も生じ、登記の本来の役割を十分に確保できない。

このような状況に鑑みて本改正がなされた。前述のとおり、所有者不明土地は住所変更登記の未了によっても生じるため、同時に住所変更登記も義務化される。

2024年4月から義務化へ

改正法ではまず基本的義務として、不動産を相続か遺贈で取得した相続人は、相続を開始したことを知り、かつ自分が不動産の所有権を取得したことを知った日から3年以内に、「所有権移転登記」（法定相続分での登記も可）か「相続人申告登記」を申請しなければならないことが定められた。

また、法定相続分で登記しその後の遺産分割で先に登記した相続分を超えて所有権を取得した相続人、あるいは相続人申告登記をした後に遺産分割で所有権を取得した相続人は、追加的義務として、遺産分割日から3年以内に、遺産分割の結果に従った所有権移転登記を申請する必要がある。

具体例で見よう。

父はすでに他界しており、被相続人は母で、相続人は子であるABCの3人だ。母は自宅の土地建物を保有していた。なお子らは母の死亡に立ち会っている。

【ケース1】「自宅の土地建物を長男Aに相続させる」という遺言があり、Aは母の死亡日にその内容を確認していた場合。Aは母の死亡日から3年以内に、自身への相続登記をしなければならない。

【ケース2】遺言がなく、母の死亡日から3年以内に、遺産分割が成立しない場合。子らABCは、母の死亡日から3年以内に、法定相続分での所有権移転登記か相続人申告登記をしなければならない（基本的義務）。さらに遺産分割成立日から3年以内に、その内容に沿った登記をしなければならない（追加的義務）。

【ケース3】遺言がなく、母の死亡日から3年以内に、Aが自宅の土地建物を取得するという遺産分割が成立した場合。3年以内に子Aへの所有権移転登記をする。万一、間に合わない場合には、ケース2と同様の対応を取る。

また、ケース2やケース3でAへの相続登記が間に合わない場合のように、法定相続分での登記と遺産分割の結果に沿った登記の2度の登記をすることになると、登記費用（登録免許税、司法書士報酬など）を2回支払う必要がある。それでは不経済であるから、結局、被相続人が遺言を遺すか、3年以内に遺産分割を成立させることが肝要といえるだろう。

◆ 遺言を遺すか早めに遺産分割を終わらせる
—相続登記の考え方—

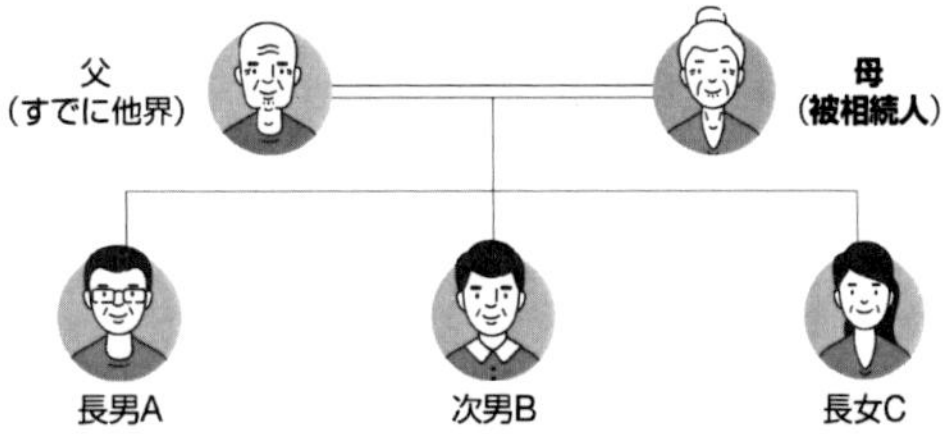

- 遺言がある or 期限内に遺産分割が成立する → 1度の相続登記でOK
- 期限内に遺産分割が成立しない → 2度の登記が必要なことも

遺産分割が所定の期間内に成立しなくても登記が必須としたら、既存の方法では、法定相続人が法定相続分で登記をするしかない。が、その申請の際には法定相続人の範囲や割合を明らかにするため、被相続人の出生から死亡までの戸籍を集めなければならないなど、申請者の負担が少なくない。こうした負担を軽減するため、相続人申告登記が新設された。

相続人申告登記が申請されると、いつ、誰について相続が開始したかや、相続人であると申告した人の氏名や住所などが記載される。この登記の申請の際には、法定相続人の範囲、法定相続分を確定する必要がない。特定の相続人が単独で申請できて、提出する戸籍も、申請者が相続人とわかるものだけで足りる。他の相続人を含む代理申し出も可能である。

不履行なら過料10万円

注意すべきは制度が遡及適用されることだ。改正法の施行日より前に発生した相続についても、登記の対象になるのである。

これにはもちろん、申請義務の履行期間が法施行前からスタートしないよう、経過措置が設けられている。履行期間は、申請義務者が相続による所有権の取得を知った日、改正法施行日のいずれか遅い日から、始まることになる。追加的義務の履行期間についても同様で、遺産分割成立日、改正法施行日のいずれか遅い日からスタートする。

◆ ルールは遡及適用されるので注意したい
―相続登記の経過措置―

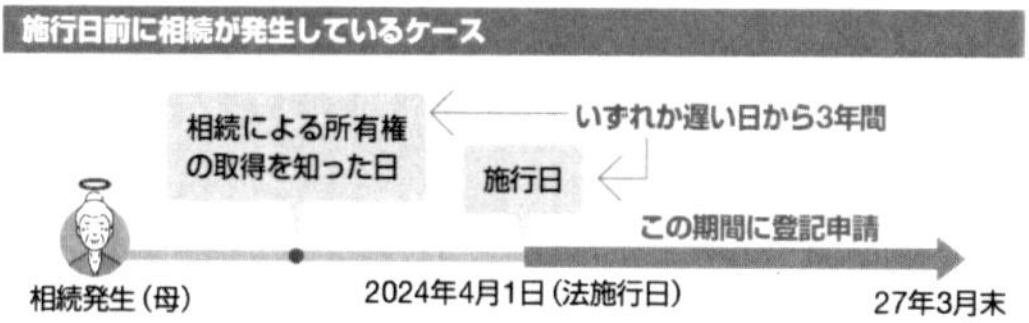

したがって目下、遺産分割協議中の相続があれば、留意するべきだろう。念のため、自宅など心当たりのある不動産について相続登記がなされているか否か、確認しておくと安全である。

最後に所定の登記義務を履行しない場合のペナルティーについてみておこう。改正法では義務に違反したら10万円以下の過料に処せられるとされているが、期限内に登記できないやむをえない事情があるケースも想定されることから、過料に処せられるのは、正当な理由がない場合に限られている。

正当な理由の具体的内容は、通達などで定められる予定とされているが、本稿執筆時にはまだ明らかになっていない。

現時点で公表されている資料によれば、①数回相続が発生して相続人が極めて多数に上り、戸籍などの資料の収集や他の相続人の把握に多くの時間を要するケース、②遺言の有効性や遺産の範囲が争われているケース、③申告義務を負う相続人自身に重病などの事情があるケース、などが例として挙げられている。

過料に処する際の手続きも、事前に義務履行を催告するプロセスを設けるなど、一定の配慮がなされるようだ。今後、相続登記には、十分気をつけたい。

増尾知恵（ますお・ちえ）

2012年弁護士登録（第一東京弁護士会）、17年社会福祉士登録。第一東京弁護士会成年後見に関する委員会および日弁連高齢者・障害者権利支援センター委員。相続などで講演も。

遺産分割に10年間の制限

鳥飼総合法律事務所 パートナー弁護士・竹内　亮

遺産分割の制度が変わる。特別受益と寄与分を加味した遺産分割を請求できる期間は、被相続人が亡くなってから10年間に限られることになる。法施行は2023年4月1日。経過措置はあるが、施行前に亡くなった人の相続にも適用されるため、多くの遺産分割に影響しよう。

遺産分割は相続人が複数いて遺言がない場合に必要になる。被相続人（亡くなった人）の遺産を相続人（配偶者や子）で分ける仕組みだ。例えば、父が亡くなり、財産として自宅の土地と建物、銀行預金、上場株式があれば、残った母・長男・長女の3人で話し合い、誰がどれを相続するか決める。

「うちは財産がそんなにないから大丈夫」と思うかもしれない。だが、2020年度に全家庭裁判所の調停・審判で遺産分割がなされた5807件のうち、3割以上の2017件は遺産額が1000万円以下だった。遺産が多くなくても分けるのは簡単でない。

遺産分割をややこしくしているのが「特別受益」と「寄与分」だ。

特別受益とは、被相続人の生前に、相続人が受け取った高額な金銭を、〝財産の前渡し〟と捉え相続財産から差し引く仕組みである。例えば、長男が自宅のマンションを購入する際、父が頭金として1000万円を出したというようなものが典型。ただ、これが相続人の間で争いになるのは、親から子たちにはさまざまな資金の移動があるが、誰がいついくらもらったかすべてを精算できないからだ。

一般的に扶養義務の範囲内にある、生活費や教育費は特別受益には当たらない。長男が地方から東京に出て親の仕送りで私立大学に通い、長女は実家から通える地元の国立大学に通った場合、長女からすれば、長男は親から多くの額をもらったように見える。が、遺産分割では特別受益として計算されないことから、どうしても不公平感が生じてしまう。

一方、寄与分とは、被相続人の生前に、相続人が財産の維持・増加に貢献した分を、相続財産として〝上乗せ〟する仕組みである。例えば、認知症になった母を長女が介護し、付き添い看護の費用を節約したというようなものだ。

ただ、高齢だが大きな病気のない母を長女が気遣い、週に2～3回実家に通って身の回りの世話をしても、寄与分には当たらない。長男がほぼ顔を出さなかった場合、長女から見れば、自分には負担があったのに、自身の行為が寄与分として認められず金銭に換算されないと、不満が残る。

遺産分割が紛糾する要素はいくつかあるが、特別受益と寄与分をめぐる認識の差によって、話し合いが進まなくなることが多い。

今回の改正は、特別受益と寄与分を加味した遺産分割について、家裁に申し立てられる期間を相続発生時から10年間に限るものだ。これによって早期の遺産分割を促すこと、遺産分割をよりシンプルにすることを狙っている。

具体的に見てみる。

◆ 生前にもらったマンションの頭金を含めるか否か
—特別受益の考え方—

① 長男Cの特別受益1000万円を加味する場合

・みなし相続財産　4000万円＋1000万円＝5000万円
・具体的な相続額　C…5000万円×1/4－1000万円＝250万円
　　　　　　　　　D…5000万円×1/4＝1250万円

② 長男Cの特別受益1000万円を加味しない場合

・みなし相続財産　4000万円
・具体的な相続額　C…4000万円×1/4＝1000万円
　　　　　　　　　D…4000万円×1/4＝1000万円

早期の遺産分割を促す

1930年代生まれの父Aは昔、東京で土地付きの自宅を購入、母Bと長男C、長女Dの4人家族で住んでいた。その後に子2人は結婚して独立。Aは2008年に死亡、遺産分割をしないままBが引き続き自宅に住み、2022年に亡くなった。現在Cは千葉のマンション、Dは埼玉の戸建てに家族と暮らしている。ここでは父と母の遺産分割について、長男Cと長女Dで同時に行うことになる。

長男Cが千葉にマンションを買ったとき、頭金1000万円を父Aから出してもらったとしよう。これは典型的な特別受益だ。

父Aの遺産が全体で4000万円だとすれば、改正前なら、長男Cの特別受益を加味した具体的相続分は2500万円で、長女Dは1250万円。残りの2500万円は、母Bが相続した後で、CとDが同じ割合で相続する。

しかし、改正法では（経過措置の期間経過後の）10年間の期限を過ぎているため、特別受益は加味されず、法定相続分（CとDで各2分の1）で分割する。遺産はともに1000万円ずつ取得することになるので、取り分が減る長女Dから見る場合、10年以内に遺産分割をしようというインセンティブが働くわけだ。

この改正のきっかけには、遺産分割がなかなかされず、親名義の土地の登記が死亡後も長く残ることが所有者不明土地の原因になっている、という背景があった。狙うのは遺産分割の実行によって登記を進めること。もし10年間を経過すると、遺産分割で特別受益や寄与分を問題化できない。家裁での遺産分割の調停が相当程度早く行われると予想されよう。

法改正の施行は2023年4月だが、施行後は、施行前に亡くなった人の相続でも適用される。ただし経過措置として、猶予期間があるのにも注意したい。

◆ 相続後10年が限度だが、経過措置には注意
—特別受益・寄与分の経過措置—

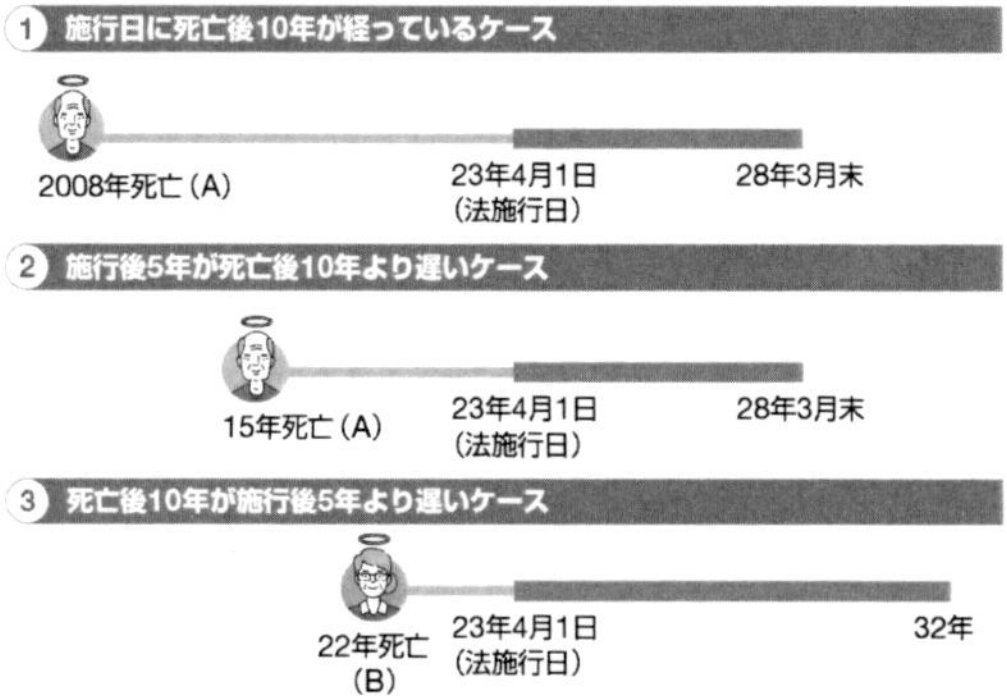

（注）赤線は法施行後に特別受益・寄与分が加味される期間

2023年4月の施行時、すでに死亡後10年以上経過した人の遺産分割では、施行後5年間の猶予期間が設けられる。2008年に亡くなった父Aの相続については死亡後10年が経っているため、施行後5年を経た28年3月末まで、特別受益と寄与分を加味した遺産分割を請求できる（ケース1）。

あるいは2015年にAが死亡したとして、死亡後10年と施行後5年で後者のほうが遅い場合も、同様に2028年3月末までが猶予期間である（ケース2）。他方、施行後5年と死亡後10年で後者のほうが遅い場合、そちらが猶予期間になる。2022年に亡くなった母Bの相続については、2032年まで、特別受益などを加味した遺産分割を請求できるわけだ（ケース3）。

特別受益と寄与分を加味した遺産分割を求めるには、10年間の期限までに、家裁へ遺産分割の調停・審判の申し立てを行わなければならない。なお猶予期間の経過後の遺産分割では、特別受益と寄与分が加味されないこと以外は通常の遺産分割と同じだから、配偶者居住権の設定などは可能だ。

いずれにせよ遺言があれば、遺産分割協議は必要なくなる。被相続人である親は、相続人となる子同士がもめないためにも、自分の財産について整理し、元気なうちに遺言を書くことをお勧めしたい。遺言には公証人に作成してもらう公正証書遺言があるが、財産がそれほど多くなければ、自筆証書遺言で十分である。

竹内　亮（たけうち・りょう）

1973年生まれ。97年東京大学文学部卒業後、朝日新聞社入社。2008年弁護士登録（第二東京弁護士会）。09年鳥飼総合法律事務所入所。著書に『自分で書く「シンプル遺言」』など。

「精算課税を手直しし、非課税措置は縮減を」

日本税理士会連合会 会長・神津信一

「相続税と贈与税の一体化」など、政府与党が打ち出した「税制改正大綱」には、税理士業界も注目している。2021年度税制改正大綱を受けて、日本税理士会連合会（日税連）の税制審議会は、22年2月に「資産移転の時期の選択に中立的な相続税・贈与税のあり方について」を答申。税に関する専門家、税理士の業界団体である日税連は、政府に何を望むか。神津信一会長に聞いた。

――答申には「現行の相続時精算課税制度を基礎として贈与税制を検討することが適当」とあります。どんな見直しが必要ですか。

相続時精算課税は2003年、贈与によって若い世代へ円滑に資産を移転することを目的にスタートしたが、利用は低迷している。この制度を選んだ後に基礎控除や税率が改正されると、当初の思惑とは反対に税負担が重くなる可能性があるからだ。納税者の予測と実際の課税に乖離があると、税制全体への信頼を損ないかねない。

また、同制度で取得した贈与財産は贈与時の価額で相続税が課税されるため、贈与時から相続時までに価額が下落すれば不利益を被る。例えば、災害などで財産の価値が大幅に落ちると、制度を用いなかった場合に比べ過大な税負担が生じるので、例外的な措置を講じる必要があろう。さらに制度で取得した宅地は、（評価額が80％減となる）小規模宅地等の特例が適用されないが、一定の要件に該当する場合、適用を認めてあげることが適当だと思う。

いったん相続時精算課税を選択すると、もう暦年課税には戻れないのも問題だ。数万円の少額贈与をすべて記録・管理し、漏れのない申告を期待するのは、実際問題として難しい。これらの点をクリアにしないと、税理士としては薦められない。記録・管理に関しては、マイナンバー制度の活用など、資産の移動を捕捉するデジタル化に期待している。

税金が高いと国外に行く

――「暦年課税制度の見直し」ともありますが、年間110万円の基礎控除（非課税枠）については、どうあるべきと考えますか。

基礎控除は2001年、それまでの60万円から現行の110万円に引き上げられ、20年以上据え置かれたままだ。過去を振り返ると（1953年の10万円から）金額は拡大の歴史をたどっている。今後も縮小より拡大が望ましい。

一方、最高税率については、15年に現行の55％へと引き上げられた。改正前の水準である50％程度に再び下げ、税制の簡素化と累進度の緩和など、税率構造を見直すべきだろう。資産に対する課税が高いのを理由に国外に行くような仕組みは好ましくない。

――住宅や教育、結婚・子育て資金の一括贈与に対する非課税措置は今後も維持されるべきですか。

特例措置を使い親が子にこれらの費用を渡すのは、税負担もなく多額の資産を引き継ぐので、格差の固定化につながるおそれがある。教育や結婚・子育て資金の贈与（期限は２０２３年３月末まで）は、しかるべき時期をもって縮減してほしい。ただ、住宅資金の贈与（期限は２０２３年１２月末まで）には、住宅の取得に付随して一定の消費の拡大が期待できる。住宅政策と併せて考える必要があろう。

日本の税収に占める、相続税・贈与税の割合は限られるが、国民の生活には非常に密接な税制だ。ドラスティックにではなく、現行制度をベースとしたマイナーチェンジで、使い勝手のいい制度にしていくのが望ましい。

（聞き手・大正谷成晴）

神津信一（こうづ・しんいち）
１９４９年生まれ。８０年税理士登録、神津信一税理士事務所（現神津・山田税理士法人）開設。２０１０年ＫＭＧ税理士法人設立。１１年東京税理士会会長就任。１５年から現職。ほかに政府委員や企業の社外役員も。

INTERVIEW

「株は全部売却した　残す物は断捨離する」

経済アナリスト　獨協大学経済学部教授・森永卓郎

ベストセラー『年収300万円時代を生き抜く経済学』で知られる森永卓郎氏。父の遺産相続では、「地獄の作業」を余儀なくされたという。そのときの教訓や反省を踏まえ、親からの相続、逆に子どもへの相続で留意すべき点、さらには人生後半戦に向けてのライフスタイルのバージョンアップについて語ってもらった。

――相続に関してはたいへんな苦労をされたようですね。

2011年に父が亡くなり、いちばん困ったのは、資産や負債のリストが皆無だったこと。たぶん母（2000年死亡）がみんな管理をしていたのだろう。

私も油断していた。父が銀行に貸金庫を借りていたので、預金通帳などはすべて貸金庫に入っているものと思い込んでいたのだ。貸金庫を開けてみたら、大学の卒業証書や記念硬貨しか入っていなかった。仕方がないので、父宛に届く郵便物を仕分けし、金融機関から届いた手紙も全部調べ、どこに口座があるか見当をつけて聞きに行く、地道な作業を続けた。

700円の口座は放棄

――それで最終的にはすべて判明したのですか。

残念ながら、ネット銀行・ネット証券の口座は、郵便物が来ないのでわからなかった。それ以上に不明だったのが借金。手がかりすらなく、これはある意味で恐怖だった。噂では、悪徳金融業者は借金を放棄できない相続後10カ月のタイミングで「払え」と言ってくる、という話を聞いていたので……。結局、誰も来なかったので、借金はなかったと結論づけた。

――郵便物から判明した口座は無事、手続きを進められましたか。

口座を見る際、父が生まれてから死ぬまでの戸籍謄本をすべて取ってくるよう、銀行から要求された。「すべての戸籍を確認しないとお父さんに愛人や隠し子がいるかもしれないから」という言い分だ。父は新聞記者で全国各地に赴任していたからそろえるのは大変。東日本大震災直後で私の仕事にキャンセルが相次いだが、そうでなければ、相続税の納付期限の10カ月後に間に合わなかっただろう。

ある区役所は空襲で焼けて戸籍が見つからなかった。銀行にその旨を伝えたら、「消失した証明書を出してもらって」と言われ、それを区役所にお願いしたら、「そんなものは普段出してない」と。やっと、区役所から特別に証明書を作成してもらい、銀行に提出した。またある銀行では、苦労して口座残高を開示してもらったものの、残高が700円（笑）。さすがに頭にきて放棄した。

――銀行預金のほかには遺産はあったのですか。

父が相続で唯一貢献したことは、所有不動産が都内のマンションしかなかったことだ。

不動産の鑑定はものすごく面倒くさい。実は私は、手続きを全部自分で成し遂げようと思っていたが、不動産鑑定で行き詰まって税理士に手伝ってもらった。マンションの前の道路を挟み、反対側にマンション所有の飛び地の駐車場があって、その評価がわからなかった。建物は固定資産税の評価額なので、素人でも大丈夫だが、土地の評価は難しい。

しかも相続税は10カ月以内に現金払いだから、不動産を相続しても、手持ちの現金が少なければ、納税に窮するおそれもある。

――相続人は森永さんお1人だったのですか。

いや、弟と2人。父を10年ほどウチで介護していたので、その分を考慮してもらおうと思っていたが、弟が「法律どおりに折半しよう」と言ってきたので、「争続」にするのも嫌だったし遺産を折半した。寄与分が認められる以前だったとはいえ、介護の大部分を担ってくれていた妻が「それは不公平では」と漏らしていた。ただ、介護で使った領収書などエビデンスを何も残しておかなかったので、どうしようもない。

――ほかに親からの相続で苦労したことはありましたか。

苦労とまでは言えないが、父から相続した株を売却したら、売却益に対して所得税がかかった。すでに相続税を払っているから、二重課税だと思うが、これがルールだからどうしようもなかった。株は全部売った。

今は農業にはまっている

――ご自身は、奥さんや子どもへの相続について、どのような準備をしていますか。

まずは預金リストの作成。これがあれば、私の経験上、相続作業が数カ月短縮されるので、いち早く着手した。パソコンに保存していたファイルを念のため、妻にも送信していたが、2019年暮れにパソコンが突然死。リストを作成するのがけっこう大変だったので助かった。パソコンだけに保存しておくのは危険だと痛感した。

私の資産で最も問題なのは、ミニカーやお菓子のおまけなど、コレクション12万点を展示した「B宝館」(埼玉県所沢市)。

毎年200万円くらい赤字が出ていて、子どもたちは最大の負の遺産と呼んでいる（苦笑）。テレビ局が鑑定士と弁護士を連れてきて、全館鑑定をしたら、結果は査定額ゼロ。収録後、弁護士が「よかったじゃないですか。相続税が1銭もかからないですよ」と言ってくれたが、うれしくない。今、次男に引き継ぎを説得しているが、頭を抱えているようだ。

――遺言書は準備していますか。

あればいいと思うが、B宝館の問題があるので、その扱いを決めてからでないと書けない。B宝館に持参金をつけないと。

――森永さんは相続以外にも糖尿病などで苦労されましたね。

ピーク時は体重が106キログラム。もう糖尿病がひどくて、吐き気がしたり、胸が苦しくなったり、医者から余命半年と宣言される状態だった。それが、ライザップでトレーニングを始めたら、体重がみるみる落ち始めて、2カ月半で20キログラムの減量に成功。糖尿病も完全に治まり、医者が驚いていた。今はピーク時から33キログラム減っている。リバウンドもなし。

それと今、農業にはまっている。借りた畑を22年から60坪に倍増して、25種類の野菜を育成中。本来、野菜はあまり好きではなかったが、自分で育てた野菜は別格だ。自然とヘルシーな食生活になったし、食費も劇的に下がった。何より、土を耕したり給水したりでスポーツジム以上の運動量をこなし、健康を維持できている。コロナ禍でテレビ出演や講演が減った分を、農業への情熱で補っている。

体重を〝断捨離〟したのに続き、お金や不動産は別としても、家族に残していく物は断捨離していかなければと考えている。知り合いで漫画本を収集している人がいるが、年金の足しにと古書店に何十冊単位で売り始めた。万単位のお金になるし、スペースが空くので家族も助かる。私も大学の研究室に山積みになっている書籍を少しずつ整理しようと考えている。

本人にとって価値があるが、金銭的価値がないようなものは、生前に家族と話し合っておくのがいい。遺品となってしまっては、場所をふさいでいても、家族は捨てづらいから。これも立派な相続対策になる。

（聞き手・加藤光彦）

森永卓郎（もりなが・たくろう）

1957年東京都生まれ。80年東京大学経済学部卒業後、旧日本専売公社（現JT）入社。三菱UFJリサーチ&コンサルティングなどを経て、2006年獨協大学経済学部教授。専門はマクロ経済と労働経済。現在は経済アナリストとして、テレビ出演や執筆、講演活動をこなす。

【週刊東洋経済】

本書は、東洋経済新報社『週刊東洋経済』2022年8月13日・20日合併号より抜粋、加筆修正のうえ制作しています。この記事が完全収録された底本をはじめ、雑誌バックナンバーは小社ホームページからもお求めいただけます。

小社では、『週刊東洋経済eビジネス新書』シリーズをはじめ、このほかにも多数の電子書籍ラインナップをそろえております。ぜひストアにて「東洋経済」で検索してみてください。

『週刊東洋経済eビジネス新書』シリーズ

No.404　マンション管理
No.405　学び直しの「近現代史」
No.406　電池　世界争奪戦
No.407　定年格差　シニアの働き方

No.408　今を語る16の視点　2022
No.409　狙われる富裕層
No.410　ライフシフト超入門
No.411　企業価値の新常識
No.412　暗号資産&NFT
No.413　ゼネコン激動期
No.414　病院サバイバル
No.415　生保　最新事情
No.416　M&Aマフィア
No.417　工場が消える
No.418　経済超入門　2022
No.419　東証　沈没
No.420　テクノロジーの未来地図
No.421　年金の新常識

No.422　先を知るための読書案内
No.423　欧州動乱史
No.424　物流ドライバーが消える日
No.425　エネルギー戦争
No.426　瀬戸際の地銀
No.427　不動産争奪戦
No.428　インフレ時代の資産運用&防衛術
No.429　人口減サバイバル
No.430　自衛隊は日本を守れるか
No.431　教員不足の深層
No.432　ニッポンのSDGs&ESG
No.433　独走トヨタ　迫る試練

週刊東洋経済eビジネス新書　No.434
変わる相続・贈与の節税

【本誌（底本）】
編集局　大野和幸、宇都宮　徹
デザイン　ｄｉｇ（成宮　成、山﨑綾子、峰村沙那、坂本弓華）
進行管理　平野　藍、岩原順子
発行日　２０２２年8月１３日

【電子版】
編集制作　塚田由紀夫、長谷川　隆
デザイン　市川和代
表紙写真　今井康一
制作協力　丸井工文社

発行日　2023年9月14日　Ver.1
発行所　〒103-8345
東京都中央区日本橋本石町1-2-1
東洋経済新報社
電話　東洋経済カスタマーセンター
03（6386）1040
https://toyokeizai.net/
発行人　田北浩章

電子書籍化に際しては、仕様上の都合などにより適宜編集を加えています。登場人物に関する情報、価格、為替レートなどは、特に記載のない限り底本編集当時のものです。一部の漢字を簡易慣用字体やかなで表記している場合があります。本書は縦書きでレイアウトしています。ご覧になる機種により表示に差が生じることがあります。

本書に掲載している記事、写真、図表、データ等は、著作権法や不正競争防止法をはじめとする各種法律で保護されています。当社の許諾を得ることなく、本誌の全部または一部を、複製、翻案、公衆送信する等の利用はできません。

もしこれらに違反した場合、たとえそれが軽微な利用であったとしても、当社の利益を不当に害する行為として損害賠償その他の法的措置を講ずることがありますのでご注意ください。本誌の利用をご希望の場合は、事前に当社（TEL：03－6386－1040もしくは当社ホームページの「転載申請入力フォーム」）までお問い合わせください。

※本刊行物は、電子書籍版に基づいてプリントオンデマンド版として作成されたものです。